Kinder fordern uns heraus
Ratgeber für die Familie bei Klett-Cotta

CHRISTOPH EICHHORN

Eltern sind nicht immer schuld

Warum manche Kinder schwieriger sind

KLETT-COTTA

Klett-Cotta
© J. G. Cotta'sche Buchhandlung Nachfolger GmbH, gegr. 1659,
Stuttgart 2003
Alle Rechte vorbehalten
Fotomechanische Wiedergabe nur mit Genehmigung
des Verlags
Printed in Germany
Umschlag: Finken & Bumiller, Stuttgart
Gesetzt in der 10 Punkt Melior von Dörlemann Satz, Lemförde
Auf säure- und holzfreiem Werkdruckpapier gedruckt
und gebunden von Clausen & Bosse
ISBN 3-608-94045-6

Bibliographische Information Der Deutschen Bibliothek
Die Deutsche Bibliothek verzeichnet diese Publikation in der
Deutschen Nationalbibliographie; detaillierte bibliographische
Daten sind im Internet über <http://dnb.ddb.de> abrufbar.

Inhaltsverzeichnis

Vorwort

Als ich meiner Kollegin Alexa Quinter bei einem Glas Wein begeistert die neuesten Befunde über den Einfluss unserer Anlagen darlegte, war ich davon überzeugt, dass sie, deren schnelle Auffassungsgabe und hohe emotionale und intellektuelle Kompetenz ich kenne und schätze, sofort nachvollziehen könnte, was ich ihr berichtet hatte. Umso erstaunter war ich, als sie mich plötzlich fragte: „Und was fängst du jetzt damit an?" Da wurde mir klar, dass ich zu diesem Thema ein Buch schreiben sollte und wollte.

Seit Freud glauben wir, dass wir ein Produkt unserer Kindheit und Erziehung seien. Deshalb können sich viele Menschen zunächst kaum vorstellen, dass es ebenso sehr unsere genetischen Anlagen sind, die unser Leben oft bis in die nebensächlichste Alltagssituation hinein beeinflussen. Das ging wohl auch meiner Kollegin so.

Hinter der Idee eines überwiegenden Umwelteinflusses verbarg sich überdies eine faszinierende Möglichkeit: Wir müssten nur die entsprechenden Umweltbedingungen schaffen, um beinahe alles zu ermöglichen. Wenn hingegen auch genetische Faktoren unser Leben ausschlaggebend beeinflussen, so sind uns deutliche Grenzen gesetzt. Dies zu akzeptieren mag zunächst schwierig sein. Wenn wir aber die Fülle an neuen und übereinstimmenden Ergebnissen aus der Molekular- und Verhaltensgenetik ernst nehmen, erhalten wir ein realistischeres Bild von uns und unseren Kindern. Und dann können wir uns als Eltern besser hinter unsere Kinder stellen, die davon profitieren, wenn wir ihre tatsächlichen Fähigkeiten, die auf ihren Anlagen basieren, realistisch einschätzen. Denn es hilft Kindern wenig oder gar nicht, ja es hemmt ihre Entwicklung zu einer gefestigten Persönlichkeit, wenn ihren Eltern überhöhte Ziele vorschweben, die den Kinder so gut wie unerreichbar sind, oder – im Gegenteil – wenn die Eltern die besonderen Talente ihrer Kinder kaum zu akzeptieren imstande sind.

Die Tatsache eines genetischen Einflusses löst bei vielen Menschen Unbehagen aus, weil sie befürchten, sie seien damit einem unabänderlichen Schicksal ausgeliefert. Diese Sorge ist nicht wirklich begründet, denn unsere biologischen Anlagen verurteilen uns nicht zu einer ganz bestimmten Existenz. Wir können unsere Fähigkeiten sogar besser entwickeln, wenn wir wissen, was uns möglich ist und was nicht, weil wir dann unsere Energie gezielter für unsere persönlichen Anliegen und für realistische Ziele einsetzen können.

In diesem Buch stelle ich Ihnen einige der wichtigsten verhaltensgenetischen und molekulargenetischen Studien vor, die den weitreichenden Einfluss unserer Anlagen auf alle Aspekte unseres Lebens belegen. Gleichzeitig zeige ich Ihnen anhand zahlreicher Beispiele, dass wir dennoch einen fundamentalen eigenen Beitrag für unser Leben und das unserer Kinder leisten können.

Viele Menschen waren mit ihren Anregungen für dieses Buch wichtig. Besonders bedanken möchte ich mich bei meinen Kollegen Daniel Pfister, Anna-Maria Hofer, Jens Pannemann, Michaela Hafner und Reimund Rau für ihre kritischen Fragen und Anregungen. Sie haben mich bestärkt und mir immer wieder veranschaulicht, wie wichtig dieses Buch ist. Bedanken möchte ich mich auch bei Peter Allemann. Er findet immer wieder meisterliche Metaphern dafür, wie wir schwierige Lebens- und Erziehungssituationen besser bewältigen können. Johannes Czaja hat mit seinen Anregungen das Buch entscheidend mitgestaltet, und Susanne Hummler hat meine zahlreichen Änderungsvorschläge am Manuskript immer wieder geordnet und in den Text integriert.

Einleitung

In der renommierten Zeitschrift *Natures Thumbprint* stellte ein Psychiater folgende Fallgeschichte vor: Zwillinge wurden unmittelbar nach ihrer Geburt getrennt und zu Adoptiveltern gegeben, die in verschiedenen Ländern lebten. Beide begaben sich später wegen ihres zwanghaften Verhaltens in psychotherapeutische Behandlung. Beide führten ein extrem geordnetes Leben. Ihre Kleidung war makellos, Verabredungen hielten sie auf die Minute genau ein, die Hände wurden regelmäßig geschrubbt, bis sie rot und wund waren: Sie litten unter einem Waschzwang. Als der erste danach befragt wurde, wie er sich sein Verhalten erklären könne, gab er an:

„Meine Adoptivmutter. Als ich aufwuchs, hielt sie das Haus immer perfekt in Ordnung. Sie bestand darauf, dass jede kleinste Kleinigkeit an ihren ursprünglichen Platz zurückgestellt werden musste. Die Uhren – wir hatten dutzende von Uhren – schlugen alle zur selben Zeit mittags. Sie bestand darauf, verstehen Sie? Ich habe es von ihr gelernt. Was hätte ich anders machen können?"

Der Zwillingsbruder dieses Mannes, der in genauso übertriebener Weise Wasser und Seife verbrauchte, erklärte sein Verhalten folgendermaßen: „Der Grund ist einfach. Das ist eine Reaktion auf meine Adoptivmutter. Sie war eine absolute Schlampe." (Rowe 1997*, S. 163)

Hand aufs Herz: Halten Sie die Erklärungen unserer Zwillinge, jede für sich genommen, nicht auch für sehr plausibel? Geben wir nicht alle insgeheim zuerst dem Erziehungseinfluss unserer Eltern die Schuld, wenn wir nicht so sind, wie

---

* Literaturangaben siehe „Empfohlene Literatur" im Anhang ab S. 170.

wir es uns wünschen? Wenn wir darüber nachdenken, warum wir so sind, wie wir sind, kommen den meisten von uns als erstes bestimmte Erziehungseinflüsse in den Sinn.

Auch ich dachte so. Bis ich mich intensiver mit den aufregenden Ergebnissen der Verhaltensgenetik befasste. *In diesem Buch lernen Sie einige der wichtigsten Untersuchungen kennen, die zeigen, dass unsere Anlagen eine viel größere Rolle in unserem Leben spielen, als wir bisher ahnten.*

Die psychologische Forschung hat wichtige Erkenntnisse darüber geliefert, wie Eltern ihre Kinder besser erziehen können. Eltern sind bereit, psychologisches Wissen zu übernehmen und anzuwenden, weil sie ihre Kinder so gut wie möglich erziehen wollen. Dadurch sind Eltern aber auch anfällig dafür, sich ständig zu hinterfragen. Diese Tendenz wird durch psychologische Theorien gefördert, die den Einfluss der Erziehung überbetonen und auf die angeblich „verheerenden" Konsequenzen aller Arten von „Erziehungsfehlern" verweisen. Es war vor allem die Psychoanalyse, „die die Mutter zur Hauptverantwortlichen für das Glück ihres Sprösslings befördert hat, und von der Verantwortung zur Schuld war es nur ein kleiner Schritt", kommentiert Elisabeth Badinter, die eine herausragende Arbeit zur Entwicklung der Mutterliebe geschrieben hat (Badinter 1981).

Heute befinden sich Eltern, vor allem Mütter, und ihre Kinder in einer historisch einzigartigen und zugleich beinahe paradoxen Situation. Denn noch nie in der Geschichte haben sich so viele Mütter um so wenige Kinder gekümmert. Und „noch nie wurde so viel mit Kindern unternommen, mit ihnen gespielt, ihnen vorgelesen, auf ihre Wünsche eingegangen ... Die Mütter von heute ... nehmen sich erheblich mehr Zeit für ihre Kinder, als dies ihre eigenen Mütter und erst recht ihre Großmütter und Urgroßmütter taten", so Herrad Schenk (1996, S. 126). Aber noch nie waren die Schuldgefühle und Ängste der Mütter so groß wie heute. Mit diesem Buch möchte ich Ihnen zeigen, wie es zu dieser Entwicklung kam, aber vor allem auch, dass viele Schuldgefühle überhaupt nicht berechtigt und für Ihr Wohlbefinden überflüssig sind.

Schuldgefühle sind kein guter Erziehungsratgeber. Denn sobald Eltern bei ihrem Kind Probleme zu sehen glauben oder tatsächlich Probleme vorhanden sind, stellen viele Väter und Mütter all das in Frage, was sie bisher in der Erziehung geleistet haben, und untergraben damit ihr spontanes Selbsthilfepotenzial. Wenn sie sich um ihr Kind nicht intensiv gekümmert haben, fragen sich viele, ob sie ihr Kind vernachlässigt haben. Wenn sie ihr Kind hingegen sehr umfassend betreut haben, befürchten sie jetzt, ihr Kind zu sehr behütet zu haben. Die öffentliche Meinung hat die Überbetonung des Erziehungseinflusses übernommen und beschuldigt nun die Eltern für alle Verhaltens- oder Entwicklungsprobleme ihrer Kinder.

Dieses Buch ist kein Erziehungsratgeber! Und dennoch werden Sie die hier vorgetragenen Erkenntnisse aus der Verhaltensgenetik in die Lage versetzen, Ihr eigenes Erziehungsverhalten gelassener zu sehen und dem Verhalten Ihres Kindes mit mehr Abstand gegenüberzutreten. Denn die neuesten Befunde dieses Forschungszweiges relativieren unser bisheriges Denken über die Bedeutung von vererbten Anlagen und den Einfluss der Umwelt. Natürlich ist es sinnvoll und richtig, wenn Eltern der Erziehung ihrer Kinder oberste Priorität beimessen. Aber erst wenn wir unsere eigenen Bemühungen angemessen hinterfragen können, erhalten wir den Abstand, der im Erziehungsalltag immer wieder nötig ist. Dazu möchte dieses Buch einen Beitrag leisten.

Wir alle sind nicht nur Produkte unserer Geschichte, sondern vor allem der Art und Weise, wie wir über unsere Geschichte denken. Dies gilt auch für unsere eigene Geschichte. Der bei weitem überwiegende Teil der Erziehungsliteratur löst bei vielen Eltern, ob gewollt oder ungewollt, sei dahingestellt, den negativen Effekt aus, sie trügen die „Hauptschuld" an al-

len Entwicklungsproblemen ihrer Kinder. Und wir „Kinder"
neigen jetzt dazu, unsere eigene Geschichte auf demselben
Hintergrund zu sehen.

Dies macht es uns einfach, unsere Eltern für all das verantwortlich zu machen, was wir an uns selbst nicht akzeptieren
können. Aber diese einseitige Ursachenzuschreibung ist nach
dem heutigem Wissensstand unhaltbar. *Diese permanente
Schuldzuschreibung auf die Eltern- und Großeltern-Gene-
rationen behindert uns, die Verantwortung für unser Leben
selbst zu übernehmen.* Sie trennt Eltern und Kinder in oft
schmerzvoller Weise und verhindert Wiederannäherung und
Versöhnung. *Wenn wir hingegen in der Lage sind, den Erziehungseinfluss unserer Eltern auf ein angemessenes Maß zu reduzieren, erscheint uns unsere eigene Geschichte in einem
neuen und realistischeren Licht.*

Ein weiteres Anliegen dieses Buchs beschreibt Dean Hamer,
Direktor am National Cancer Institut of Biochimistry in Bethesda, Maryland so: *„Von all den Dingen, die wir im Leben
lernen und erinnern können, ist die Erkenntnis unserer selbst
am wichtigsten … Jeder von uns kommt mit bestimmten Anlagen auf die Welt, den Rest der Zeit in unserem Leben verbringen wir damit herauszufinden, wer wir sind."* (1998, S. 27
und S. 37)

Die Erkenntnisse aus der Verhaltensgenetik zeigen zweifels-
frei, dass unserer eigenen Entwicklung bestimmte Grenzen
gesetzt sind, selbst wenn uns verantwortungslose Therapie-
gurus grenzenlose Entwicklungsmöglichkeiten vorgaukeln.
Kaum jemand wird dem einmaligen wissenschaftlichen Potenzial Albert Einsteins nahe kommen, mag er noch so viel
trainieren. Ähnlich verhält es sich mit unseren künstlerischen
Fertigkeiten. Ohne entsprechende Anlage sind uns eindeutige
Grenzen gesetzt. Wenn wir die Lebensläufe hervorragender
Künstler näher betrachten, erkennen wir ein wesentliches
Prinzip der Anlage-Umwelt-Beziehung: Viele dieser Men-
schen suchten intuitiv und aktiv die Situationen auf, in denen

sie ihre hervorragenden Anlagen auch entfalten konnten. So hat, um nur ein Beispiel zu nennen, die weltbekannte Geigerin Anne-Sophie Mutter bereits in einem Alter am liebsten Geige gespielt, in dem ihre Altersgenossen noch wichtige Erfahrungen im Sandkasten sammeln wollten. Eine der wichtigsten Erkenntnisse der Verhaltensgenetik ist, dass uns unsere Gene dazu bringen, möglichst diejenigen Umweltsituationen aufzusuchen, die unseren Anlagen entsprechen.

Die Erkenntnisse der Verhaltensgenetik ernst nehmen bedeutet auch, dass wir unsere Kinder so sehen, wie sie sind, und weniger, wie wir sie gern hätten. Kinder brauchen unsere Liebe und unsere Förderung. Eltern dienen ihren Kindern am besten, wenn sie sich ein realistisches Bild von deren Potenzial und Anlagen machen und dies bei der Erziehung berücksichtigen. Statt sie auf Gebieten zu fördern, die ihnen gar nicht liegen und in denen sie untalentiert sind. Oder wie mein Kollege Peter Allemann bemerkte: „Aus einer Gazelle kann man keinen Löwen machen."

Wir werden alle mit einer bestimmten genetischen Ausstattung geboren. Sie ermöglicht uns, unser Leben auf eine bestimmte Art und Weise zu gestalten, und setzt uns Grenzen. Sie bestimmt jedoch nicht so stark unser Leben, dass wir darauf keinen Einfluss mehr haben. Beides, Anlage und Umwelt, macht uns erst zu dem, was und wie wir sind.

„Nur", so Dean Hamer, „wurde jahrelang ein Teil der Gleichung überbewertet. Die Umwelt wurde für sehr viel wichtiger gehalten als die Anlage. Die Erforschung der Persönlichkeit war über Jahrzehnte hinweg die Domäne von Psychiatern und Psychologen, die sich auf den Einfluss der kindlichen Erfahrung und des Traumas konzentrierten. Folgt man diesen Experten, so muss man lediglich die Umweltfaktoren kennen, um ein menschliches Wesen als Ganzes zu verstehen. Gerade so, als ob alle Menschen gleich seien bis auf die Erfahrungen, die sie formen. Mehr noch, dieselben Erfahrungen, so nahm man an, beeinflussen jeden Menschen auf dieselbe Weise. Ein

Verlust, ein Missbrauch, die Trennung vom Vater oder die erdrückende Liebe einer Mutter führte bei allen Menschen zu vorhersagbaren, quantifizierbaren und vergleichbaren Ergebnissen ... Zum wirklichen Verständnis dessen, was eine Persönlichkeit ist, kam es aber nicht auf Ledersofas, sondern in Laboratorien." (1998, S. 36 f.)

Im Jahr 1992 hat die größte und wichtigste Vereinigung für psychologische Forschung in den USA, die American Psychological Association, die Verhaltensgenetik als einen der Zweige gewürdigt, der die Zukunft der Psychologie mit am besten repräsentiert. Damit hat sie die Vielzahl neuer Erkenntnisse von einem der produktivsten und aufregendsten Forschungszweige der Psychologie hervorgehoben und anerkannt. In diesem Buch finden Sie ihre wichtigsten Ergebnisse.

TEIL 1: WO DIE PSYCHOLOGEN IRREN

WO DIE PSYCHOLOGEN IRREN

Kann Erziehung Schizophrenie verursachen?

Durch den unbedingten Glauben an den Einfluss der Umwelt, insbesondere der Erziehung, entstand ein enormer Schaden, so Robert Plomin 1999, Professor für Verhaltensgenetik am Institut für Psychiatrie in London und stellvertretender Direktor des Forschungszentrums für soziale, genetische und Entwicklungspsychiatrie. Dieser Glaube hatte zur Folge, „dass Probleme von Kindern darauf zurückgeführt wurden, was ihre Eltern mit ihnen in den ersten Lebensjahren gemacht hatten. Stellen Sie sich vor, Sie hätten in den fünfziger Jahren zu dem einen Prozent von Eltern gehört, deren Kind im späten Jugendalter eine Schizophrenie entwickelte. Sie erwartete eine lebenslange Betroffenheit. Zudem sagte man Ihnen, dass die Schizophrenie durch Ihr Verhalten in den ersten Lebensjahren Ihres Kindes verursacht wurde. Die Gefühle der Schuld wären überwältigend. Und das Schlimmste ist, dass eine derartige Schuldzuweisung an die Eltern falsch ist. Es gibt keine Belege dafür, dass die frühe Behandlung durch die Eltern Schizophrenie verursacht. Noch wichtiger ist, dass wir heute wissen, dass Schizophrenie substanziell durch genetische Faktoren beeinflusst wird." (S. 242)

Schizophrenie ist eine der schwersten psychischen Krankheiten überhaupt. Sie tritt seit Jahrhunderten auf der ganzen Welt auf, und etwa 1 Prozent der Bevölkerung leidet an dieser oft sehr quälenden Krankheit. Die Betroffenen erleben ihre Umwelt oft verzerrt. Manche glauben von Mitgliedern des russischen Geheimdienstes verfolgt zu werden, andere glauben selbst Mitglieder dieses Geheimdienstes zu sein und die Menschheit vor einer Katastrophe retten zu müssen. Manche Menschen halten sich für Jesus oder die Jungfrau Maria. Die Fachleute sprechen von Wahnvorstellungen, die für die Be-

troffenen in der Regel bedrohlich und hochgradig Angst aus-
lösend sind. Stellen Sie sich vor, Sie treffen Ihre beste Freundin und haben den starken Verdacht, dass sie mit dem Ge-
heimdienst einer fremden Macht zusammenarbeitet, deren
Ziel es ist, Sie umzubringen. Oder Sie haben vielleicht das Gefühl, dass der Kellner Sie heimlich ausspioniert, während Sie
in einem Restaurant essen. Wer fest von solchen Vorstellungen überzeugt ist, erlebt in seiner Umgebung keinerlei Halt
und Sicherheit. Alles kann bedrohliche Ausmaße annehmen,
die sogar das eigene Leben gefährden.

Natürlich gibt es unter den Menschen, die von dieser
Krankheit betroffen sind, auch Eltern. Nach allem, was wir
über Schizophrenie wissen, sind Eltern, die an dieser Krankheit leiden, in ihrer Erziehungskompetenz stark beeinträchtigt. Deshalb ist die Frage wichtig, ob deren Kinder häufiger
an Schizophrenie erkranken, wenn sie bei ihren leiblichen Eltern aufwachsen oder etwa bei nicht erkrankten Adoptiveltern.

Zwei verhaltensgenetische Studien von McGue und Gottesman 1985 und 1989 geben Antwort auf diese Frage. Die beiden Wissenschaftler untersuchten zwei Gruppen von Kindern, deren Eltern an Schizophrenie erkrankt waren. Die
Kinder der Gruppe A wuchsen bei dem erkrankten Elternteil
auf, während die Kinder der Gruppe B von Adoptiveltern erzogen wurden. Wenn wir davon ausgehen würden, dass der
Einfluss der Erziehung hoch ist, dann müssten die Kinder der
Gruppe A, die von ihrem erkrankten Elternteil erzogen wurden, eher an Schizophrenie erkranken als diejenigen der
Gruppe B, die bei gesunden Adoptiveltern aufwuchsen. Zur
Überraschung der Forscher war dem aber nicht so. Für den
Ausbruch der Schizophrenie bei Kindern schizophrener Eltern spielte es so gut wie keine Rolle, ob die Kinder von ihren
kranken Eltern oder von gesunden Adoptiveltern aufgezogen
wurden.

Wie ist dies möglich? Ein wichtiges Ergebnis verhaltensgenetischer Studien ist, dass die Art und Weise, wie Kinder die Erziehung ihrer Eltern erleben, erblich beeinflusst wird. Das heißt, Kinder mit bestimmten Anlagen erleben ihre Eltern anders als Kinder mit anderen Anlagen. Wir können heute so weit gehen zu sagen, dass Ereignisse, die das eine Kind als belastend erlebt, für ein anderes Kind aus der gleichen Familie eine Quelle der Kraft und Stärke sein können. Anlagefaktoren spielen also eine wichtige Rolle dabei, wie Kinder ihre Eltern und deren Verhalten erleben.

Heute können wir anhand verhaltensgenetischer Studien den erblichen Anteil von Schizophrenie ziemlich genau bestimmen. Das Risiko von Personen mit einem schizophrenen Verwandten, ebenfalls schizophren zu werden, orientiert sich am Verwandtschaftsgrad: Je enger verwandt, umso größer das Risiko. Ein eineiiger Zwilling, dessen Zwillingsbruder Träger dieser Krankheit ist, weist mit einem Risiko von 48 Prozent das höchste Risiko auf, ebenfalls zu erkranken. Beide haben genau die gleichen Erbanlagen. Dann folgen Kinder mit zwei schizophrenen Elternteilen. Wenn bei zweieiigen Zwillingen einer der Zwillinge Träger der Krankheit ist, weist der andere Zwilling noch ein Risiko von 17 Prozent auf, ebenfalls zu erkranken. Dieses Risiko nimmt immer weiter ab, je ferner die Verwandtschaftsbeziehung ist. Bei Kindern mit einem schizophrenen Elternteil beträgt das Risiko noch rund 10 Prozent. Bei Enkeln, deren Großeltern erkrankt sind, geht es schließlich auf 4 Prozent zurück. Das geringste Risiko besteht für die Ehepartner. Deren Risiko entspricht mit 1 Prozent genau dem der Gesamtbevölkerung.

Vierzig Familienstudien mit über 8000 schizophrenen Menschen bestätigen die vorgestellten Ergebnisse. Damit stützen sich diese Befunde auf ein für psychologische Untersuchungen ungewöhnlich großes Datenmaterial. Dies hängt zum einen damit zusammen, dass verhaltensgenetische Studien insgesamt gesehen besonders sorgfältig angelegt sind, zum anderen damit, dass Schizophrenie auf Grund ihrer Häufigkeit einen Schwerpunktforschungsbereich der Verhaltensgenetik darstellt.

Anfang des Jahres 2001 gelang einer Forschergruppe um Jobst Meyer und Klaus-Peter Lesch von der Bayerischen Julius-Maximilians-Universität Würzburg ein entscheidender Durchbruch. Auf Chromosom 22 konnten sie eines der Gene identifizieren, das mit einer bestimmten Form der Schizophrenie in Verbindung gebracht wird. Obschon das entsprechende Gen erst bei einer einzigenFamilie entdeckt wurde und weitere Befunde noch ausstehen, handelt es sich um „eine der möglicherweise wichtigsten Entdeckungen der modernen Medizin", so die Herausgeber der Zeitschrift *Molecular Psychiatry*, die die Arbeit der Wissenschaftler veröffentlichten. Wenn sich diese Befunde bestätigen ließen, wäre ein direkter Nachweis für den Einfluss der Erbanlagen auf eine bestimmte Form der Schizophrenie erbracht.

Die gefundene Genkombination stammt von einer einzigen Familie, in der gehäuft die katatone Form der Schizophrenie auftritt, die 3–10 Prozent aller Fälle der Schizophrenie ausmacht. Neben Beeinträchtigungen der Wahrnehmung und des Erlebens fällt diese Erkrankung vor allem durch Bewegungsstörungen auf. Manche Patienten verfallen in eine extreme Form der Erstarrung, in der sie kaum ansprechbar sind. Das Gen, dem die Forscher den Namen WKL 1 gegeben haben, enthält den Bauplan für ein Protein, das im Gehirn aktiv wird und vermutlich mit der Entstehung und Steuerung von Erregungsimpulsen in Zusammenhang steht.

„Der Verdacht, dass WKL 1 bei Erkrankungen des Gehirns eine wichtige Rolle spielt, wurde inzwischen weiter genährt. Wie niederländische Forscher berichten, konnten sie bei Patienten mit einer speziellen neurodegenerativen Erkrankung [einer Erkrankung des Nervensystems, d. Verf.] ebenfalls Mutationen in WKL 1 nachweisen." (Pressemitteilung der Universität Würzburg, 22. 3. 2001)

Die Ergebnisse bestätigen auf eindrückliche Art und Weise

die Befunde aus der Verhaltensgenetik. Heute wissen wir also, dass Schizophrenie nicht allein durch Erziehung weitergegeben werden kann. Eine bestimmte Art von schizophrener Umwelt ist keine notwendige oder hinreichende Bedingung, um an Schizophrenie zu erkranken, wie Psychologen noch vor einiger Zeit glaubten. In der Öffentlichkeit hält sich aber das Vorurteil, Eltern könnten durch ihre Erziehung ihre Kinder schizophren machen.

Im folgenden Teil dieses Buches werde ich Ihnen einige der wichtigsten psychotherapeutischen Verfahren vorstellen. Hier soll nicht bestritten werden, dass Psychotherapien Tausenden von Menschen in aller Welt geholfen haben. Ihre Wirksamkeit konnte durch eine Vielzahl an Untersuchungen eindeutig belegt werden. Sie werden aber sehen, dass sich die Theorien, die den unterschiedlichen Therapieansätzen zu Grunde liegen, für die Erklärung menschlichen Verhaltens allein auf Umwelteinflüsse, besonders familiärer Natur, konzentriert haben. Die Bedeutung unserer ererbten Anlagen ließen sie dabei unberücksichtigt.

Im Teil 2 dieses Buches finden Sie einige der bahnbrechenden und wichtigsten Studien, die im Gegensatz dazu die Bedeutung unserer ererbten Anlagen für alle Aspekte unseres Lebens dokumentieren.

Was wir von Freud geerbt haben

Die Theorie Sigmund Freuds hat unser Denken über psychische Prozesse revolutioniert. Seither messen wir dem, was in unserer frühen Kindheit geschehen ist, zentrale Bedeutung für unser gesamtes späteres Leben bei. Freud hat sich damit große Verdienste erworben. Denn in der Tat können frühe Erziehungseinflüsse manche Menschen sehr beeinträchtigen. Die Konsequenzen sehr kränkender frühkindlicher Erfahrungen – Fachleute sprechen von Traumatisierung – können bis ins Erwachsenenleben hineinwirken. Heute wissen wir allerdings, dass sie dort nicht immer nur negative Konsequenzen haben müssen. In der Öffentlichkeit wird aber oft so getan, als führe jede Art von frühkindlicher Kränkung zu lang anhaltenden psychischen Schädigungen beim erwachsenen Menschen.

Ein Schwerpunkt von Freuds Theorie sind die verschiedenen Phasen der psychosexuellen Entwicklung des Kindes. Die Erziehungserfahrungen, denen wir während dieser Zeit ausgesetzt sind, sollen unsere Persönlichkeit ganz entscheidend prägen. Besonders sensible Phasen für unsere Entwicklung sind nach Freud sowohl die Stillphase, orale Phase genannt, als auch das Sauberkeitstraining, anale Phase genannt. Unsensibles elterliches Verhalten soll, je nach Phase, in der es auftritt, später zu Angststörungen, Zwängen oder zu extremen Formen von Geiz führen.

Vor allem das Verhalten der Mutter wurde als entscheidende Größe für die kindliche Entwicklung betrachtet. Ihr gegenüber spielte der Vater nur eine Nebenrolle. Zwar hat die Psychoanalyse nie direkt behauptet, dass die Mutter allein für die kindliche Entwicklung verantwortlich sei, aber die Mutter wurde, wie wir gleich sehen werden, als mit Abstand wichtigster Faktor für das psychische Gleichgewicht ihrer Kinder angesehen.

Um eine gute Mutter zu sein, musste sie, gemäß der psychoanalytischen Theorie, zunächst selbst eine befriedigende sexuelle und psychische Entwicklung erlebt haben, und zwar bei einer Mutter, die wiederum selbst ausgeglichen war. Eine Frau, die von einer „gestörten" Mutter erzogen wurde, soll – so die Theorie – ihre eigene Weiblichkeit und Mutterschaft nur schwer annehmen können. Wenn sie selbst Mutter wird, soll sie die bei ihrer eigenen Mutter erworbenen falschen Einstellungen an ihr Kind weitergeben.

Eine Mutter schädigt ihr Kind nicht absichtlich wie Elisabeth Badinter (1981) betont. „Sie ist vielmehr eine Mutter, die für die Übernahme ihrer Rolle ungeeignet ist." Zahlreiche Psychoanalytiker schlugen jenen Müttern, deren Kinder Probleme hatten, sogar vor, sich selbst einer psychoanalytischen Therapie zu unterziehen. Die Leitidee dabei war, „dass es nicht genügt, das Kind zu behandeln, wenn man nicht gleichzeitig die Wurzel des Übels anpackt, nämlich das Leiden der Mutter" (S. 238).

Vor allem hingebende Liebe zeichnet die gute Mutter aus und soll entscheidend für eine gesunde Entwicklung des Kindes sein, so Donald Winnicott, einer der wichtigsten und einflussreichsten Psychoanalytiker überhaupt, dessen Werke in viele Sprachen übersetzt wurden. In „Kind, Familie und Umwelt" (1976) geht er auf die zentrale Bedeutung der Mutter-Kind-Beziehung ein. „Die normale hingebende Mutter zeichnet sich durch die Fähigkeit aus, unter Ausschluss jedes anderen Interesses um ihr Kind besorgt zu sein. Weil sie es versteht, sich in ihr Baby hineinzuversetzen, entwickelt dieses sich harmonisch und lässt sich durch diese oder jene Entbehrung nicht allzu sehr stören. Gelingt ihr das nicht, dann löst ihr Versagen Phasen der Reaktionsbildung auf Verletzungen aus, die die richtige Entwicklung des Kindes verzögern. Im schlimmsten Fall kann eine solche Mutter Ursache eines autistischen Kindes sein." (Badinter, S. 249)

Stimmt das? Kann eine Mutter bei ihrem Kind Autismus

auslösen? Autismus ist eine besonders schwierig zu behandelnde Krankheit, bei der sich die Kinder extrem von ihrer Umwelt abkapseln, oft nicht einmal sprechen und keinen Körperkontakt zulassen. Für die Eltern solcher Kinder ist diese Krankheit deshalb so belastend, weil der Kontakt zum Kind kaum möglich ist. Die Eltern haben das berechtigte Gefühl, ihrem Kind nicht richtig helfen zu können. So spricht ein solches Kind auf das übliche Trösten kaum an, oder es wehrt sich sogar vehement dagegen. Zahlreiche wissenschaftliche Studien belegen aber eindeutig, dass gerade am Autismus ein besonders hoher genetischer Anteil zu beobachten ist. Autismus kann also nicht allein auf elterliches Erziehungsverhalten zurückgeführt werden. Dass Eltern, die extremen Erziehungsherausforderungen gegenüberstehen, auf diese Situation anders reagieren als andere, die ein „ruhiges" Kind haben, ist gut nachvollziehbar. Daraus dürfen wir aber nicht schließen, dass die Eltern mit ihrer Erziehung ihr Kind autistisch gemacht hätten. Ein solcher unhaltbarer Vorwurf erschwert sogar noch die ohnehin sehr schwierige Lage dieser Eltern.

Für die kindliche Entwicklung wurde vor allem dem Stillen besonderer Wert beigemessen. Stillen wurde als Beweis mütterlicher Liebe angesehen. Nach Winnicott schaffte vor allem das „natürliche" Stillen, das sich nach dem Willen des Kindes richtete, die größte Befriedigung. Einen Schritt weiter gingen zwei andere prominente Vertreterinnen der Psychoanalyse, nämlich Melanie Klein und Helene Deutsch. In „Seelische Urkonflikte" (1974) meinte Melanie Klein: „Die Erfahrung lehrt, dass häufig auch Kinder, die nicht gestillt worden sind, sich recht gut entwickeln". So weit, so gut, meinen Sie vielleicht. Aber: „Dennoch wird man bei solchen Menschen in der Regel eine tiefe Sehnsucht nach der Brust feststellen, die nie erfüllt worden ist ...", die also im Unterbewusstsein der Betroffenen eine weitreichende Rolle spielen kann. „Man darf sagen", so die Autorin weiter, „dass ihre Entwicklung anders ... verlaufen wäre, wenn man sie gestillt hätte. Andererseits schließe ich aus meiner Erfahrung, dass Kinder, die eine Fehlentwicklung aufweisen, obwohl sie gestillt worden sind, ohne die natürliche Ernährung noch kränker geworden wären." (Klein S. 76) Elisabeth Badinter kommentiert: „Grausame Worte für all jene zahlreichen Frauen nach dem Kriege, die ihre Kinder nicht an der Brust stillten." (S. 250)

Für eine gelungene Beziehung zum Kind muss die Mutter natürlich echte Freude empfinden. Deshalb schreibt Winnicott: „Die Freude der Mutter muss vorhanden sein, sonst ist die ganze Prozedur tot, unnütz und mechanisch." (Winnicott, S. 23) Was diese Forderung für Mütter bedeutet, die im Alltag zahlreiche Verpflichtungen zu erfüllen haben, können wir nur erahnen.

„Wir fangen gerade erst an zu verstehen", so Winnicott, „wie absolut nötig die Mutterliebe für das Neugeborene ist ... Die seelische Gesundheit des Menschen bewirkt die Mutter in den ersten Wochen und Monaten des Lebens." (Winnicott, S. 22) Oder an anderer Stelle: „Weiß sie [die Mutter, d. Vf.] auch, dass sie, einfach dann, wenn sie sich ganz natürlich verhält, nicht nur die Grundlage der seelischen Gesundheit für das Kind legt, sondern dass das Kind diese seelische Gesundheit gar nicht erhalten kann, wenn es am Anfang des Lebens nicht eben jene Erfahrung gemacht hat, die ihm zu geben sie jede Mühe auf sich nimmt?" (Winnicott, S. 114) Aber alle Mühen sind ja, wie wir gerade gesehen haben, umsonst, wenn keine echte Freude dabei ist.

Solche extremen Ansprüche bürden Müttern eine ungeheure Last auf. Sie legen die Basis für Selbstzweifel aller Art. Wir werden später sehen, dass Winnicott der Erziehung durch die Mutter eine Bedeutung beimisst, die ihr in dieser überzogenen Form sicher nicht zukommt.

Winnicott hat die Hauptverantwortung für die kindliche Entwicklung klar an die Mutter delegiert. Welche Rolle spielt aber nun der Vater in diesem Prozess? Nur eine Nebenrolle.

Der Mutter kommt nämlich, zusätzlich zu allem anderen, noch die Aufgabe zu, zwischen Vater und Kind zu vermitteln, beziehungsweise dem Vater die Beziehung zu seinem Kind zu ebnen. Denn: „Es hängt von der Mutter ab, ob der Vater sein Kind kennen lernt oder nicht." (Winnicott, S. 95)

Daraus ergibt sich, dass Väter ihre Frauen als Mütter nicht ersetzen können. „Man darf nicht in jedem Falle vermuten, dass es gut ist, wenn der Vater früh dabei ist ... Einige Männer haben das Gefühl, dass sie bessere Mütter als ihre Frauen wären, und sie können dann ziemlich lästig sein ... Und dann gibt es Männer, die wirklich bessere Mütter als ihre Frauen sein könnten, aber praktisch ist das doch nicht möglich." (Winnicott S. 95) Warum nicht? Ganz einfach, weil Männer keine Brüste haben, mit denen sie ihre Kinder säugen könnten, und die Ernährung mit der Flasche das natürliche Stillen nicht ersetzen kann, wie Winnicott meint.

Aus der besonderen Bedeutung der Mutter-Kind-Beziehung ergibt sich die alleinige Erziehungszuständigkeit der Mutter. Demnach geht sie ein hohes Risiko ein, wenn sie ihr Kind anderen Menschen anvertraut. Auf diesen Aspekt geht die Französin Françoise Dolto ein, die ebenfalls zu den führenden Psychonalytikerinnen gehört. Sogar sprachliche und psychomotorische Entwicklungsauffälligkeiten „findet man auch in wohlhabenden Familien, wenn die Eltern aus unterschiedlichen Gründen auf Pflegepersonen zurückgreifen. Es entsteht ein Trauma, wenn die Bezugsperson unüberlegt gewechselt wird ... sie lässt das Kind in der Wüste seiner Einsamkeit zurück." (Dolto, S. 10)

Das Unbewusste als nie versiegender Quell elterlicher Schuldgefühle

Die Psychoanalyse hat sich nicht mit der Identifizierung und Beschreibung einfacher „Erziehungsfehler", wie Schlägen, Vernachlässigung, Abwertung, Erniedrigung, Anschreien usw.

abgegeben. Dann hätte sie auch nie die Bedeutung erhalten, die sie erhalten hat. Denn Eltern hätten mit nur geringem Aufwand die Qualität ihres Erziehungsverhalten selbst überprüfen und einschätzen können. Außenstehende hätten leicht erkennen können, ob Eltern ihre Kinder angemessen oder unangemessen erziehen.

Statt dessen hat sie ein kompliziertes Netz an theoretischen Konstruktionen gewoben, in dem das Konzept des Unbewussten eine zentrale Rolle spielt. Danach können Eltern die Entwicklung ihres Kindes extrem beeinträchtigen, ohne dies zu bemerken und ohne dies je gewollt zu haben.

Darauf hat vor allem Alice Miller hingewiesen, deren Bücher, unter anderem „Das Drama des begabten Kindes" (1983), eine breite Leserschaft beeinflussten. Demnach schädigen Mütter ihre Kinder, indem sie eigene Wünsche, Erwartungen, Ängste usw. unbewusst auf das Kind richten, was das sensible Kind erspürt. Es richtet dann sein Verhalten danach aus. Dabei soll es, so Miller, eigene Wünsche und Bedürfnisse zu Gunsten einer Anpassung an die Erwartungen der Mutter zurückstellen, womit es seiner eigenen Entwicklung schadet. Es opfert sozusagen seine eigene Persönlichkeit, um die Liebe der Mutter nicht zu verlieren. Natürlich hat letzten Endes die Mutter dieses Drama ausgelöst. Deshalb trägt sie auch die Verantwortung dafür.

Schwarze Wolken verdüstern den Erziehungshimmel. „Manchmal muss ich mich fragen, ob es uns überhaupt je möglich sein wird, das Ausmaß der Einsamkeit und Verlassenheit zu erfassen, dem wir als Kinder … ausgesetzt waren", lautet der Einleitungssatz des ersten Kapitels in „Das Drama des begabten Kindes". Wir ahnen bereits, dass Erziehung in eine Katastrophe abzugleiten droht. Alice Miller denkt dabei nicht an die Kinder, die beispielsweise „nur" von ihren Eltern verlassen wurden, obwohl auch dies „selbstverständlich traumatische Auswirkungen haben kann". Diese haben aber gar kein so schlechtes Schicksal, wie man vielleicht naiverweise mei-

27

nen würde. Denn sie wissen wenigstens, was mit ihnen geschah, und sind „mit dieser Wahrheit großgeworden" (S. 19).

Da kann es für diejenigen Kinder, die von ihren Müttern erzogen wurden, kaum gut aussehen. Aus der Analyse ihrer Patienten glaubte Miller, ein ganz bestimmtes traumatisierendes Erziehungsmuster der Mütter erkannt zu haben.

„Da war im Grunde eine *emotional unsichere Mutter*, die für ihr narzisstisches Gleichgewicht auf ein bestimmtes Verhalten des Kindes angewiesen war ...

Dazu kam eine erstaunliche *Fähigkeit des Kindes* dieses Bedürfnis der Mutter intuitiv, also auch unbewusst zu spüren ...

Diese Funktion sicherte dem Kind die ‚Liebe', d.h. hier die narzisstische Besetzung durch die Eltern. Es spürte, dass es gebraucht wurde, und das gab seinem Leben die Existenzsicherung."

Natürlich ist die narzisstische Liebe keine richtige Liebe – mit hohem Preis für das Kind. Vereinfacht gesagt versucht das Kind, und sogar schon der Säugling (S. 25), sich an die Erwartungen seiner Mutter anzupassen.

„Eine schwerwiegende Folge davon ist die Unmöglichkeit, bestimmte eigene Gefühle, wie z.B. *Eifersucht, Neid, Zorn, Verlassenheit* usw. in der Kindheit und später im Erwachsenenalter bewusst zu erleben." Diese Dynamik zwischen Mutter und Kind entsteht nicht deshalb, „weil es eine böse Mutter hatte" (S. 27). Das wäre wiederum zu einfach, „sondern, weil die Mutter selber narzisstisch bedürftig war, auf ein bestimmtes, für sie notwendiges Echo des Kindes angewiesen, selbst im Grunde ein Kind auf der Suche nach einem verfügbaren Objekt". Und wer musste als verfügbares Objekt hinhalten? Natürlich ihr Kind. Denn: „Ein Kind kann man *erziehen, dass es so wird, wie man es gern hätte*". Das Kind, das sich an die mütterlichen Wünsche anpasst, entwickelt in der Folge eine „Als-ob-Persönlichkeit", was Donald Winnicott als „*falsches Selbst*" beschrieben hat. „Sein wahres Selbst kann sich nicht entwickeln und differenzieren, weil es nicht gelebt werden kann." (S. 29). Bei den Betroffenen hat „… eine Entleerung, Verarmung, partielle Tötung der Möglichkeiten tatsächlich stattgefunden, als das Lebendige, Spontane [in ihnen von ihrer Mutter, Anm. d. Verf.] abgeschnitten wurde" (S. 30).

Die Mutter spürt gar nicht, wie sie ihr Kind schädigt. Naiv glaubt sie das Beste zu tun. Dies ergibt sich für Alice Miller aus den analytischen Sitzungen mit solchen Müttern. Denn obschon sie selbst so behandelt wurden, wie sie aktuell ihre Kinder erziehen, behaupten sie, „verständnisvolle Eltern, mindestens einen Elternteil" (S. 20) gehabt zu haben. „Die Verinnerlichung des ursprünglichen Dramas ist so vollkommen gelungen, dass die Illusion der guten Kindheit gerettet werden kann." (S. 21) „Es gehört zu den Wendepunkten der Analyse, wenn narzisstisch gestörte Patienten zu der Einsicht kommen", dass die elterliche Liebe gar nicht ihnen galt, sondern nur „ihrer Schönheit oder ihren Leistungen". Hinter dieser Einsicht „erwacht das kleine einsame Kind …", das sich verzweifelt fragt: „was ist mit meiner Kindheit geschehen, bin ich nicht um sie betrogen worden?" (S. 32, 33).

Miller vergleicht das Unbewusste mit einer Art Geheimkammer, in der aber kein Schatz verborgen ist, sondern die Grundlagen schwerer elterlicher Erziehungsfehler: „Jeder Mensch hat wohl in sich eine mehr oder weniger vor sich selbst verborgene Kammer, in der sich die Requisiten seines Kindheitsdramas befinden. Vielleicht ist es sein geheimer Wahn, seine geheime Perversion oder ganz schlicht der unbewältigte Teil seines Kinderleidens. Die einzigen Menschen, die mit Sicherheit Zutritt zu dieser Kammer bekommen werden, sind seine Kinder … das Drama erfährt seine Fortsetzung." (S. 48)

Die Zukunft, die Alice Miller entwirft, ist ähnlich düster wie das Bild, das sie von der Gegenwart zeichnet. Ihr letztes Kapitel „Schlussbemerkungen" leitet sie ähnlich pessimistisch ein, wie sie ihren Aufsatz beginnt: „Je mehr man Einsicht gewinnt in die ungewollte, unbewusste Manipulation der Kinder durch die Eltern, desto weniger bleiben einem Illusionen über die Veränderbarkeit der Welt ... erhalten." (S. 50)

Die Mutter steckt in einer ausweglosen Situation. Die beiden Dimensionen, an denen sie scheitern muss, sind zum einen ihr Unbewusstes und zum anderen extrem überhöhte Erwartungen, die Alice Miller an sie als Mensch stellt. „Eine Mutter, wie wir sie einmal dringend gebraucht hätten – empathisch und offen, verstehend und verständlich, verfügbar und verwendbar, durchsichtig, klar, ohne unbegreifliche Widersprüche, ohne beängstigende Requisitenkammer –, eine solche Mutter haben wir nicht gehabt, und die kann es ja gar nicht geben ..." Aber wir hätten sie dringend so gebraucht, wie Alice Miller gerade oben meint. „... jede Mutter hat in sich ein Stück ‚unbewältigter Vergangenheit', das sie dem Kind unbewusst weitervermittelt. Jede Mutter kann nur da empathisch sein, wo sie von ihrer Kindheit frei geworden ist ... und muss unempathisch reagieren, sofern sie durch Verleugnungen ihres Schicksals unsichtbare Ketten trägt" (S. 51).

Beachten Sie die Formulierung, „sie muss von ihrer Kindheit erst frei werden", bevor sie selbst angemessen erziehen kann. Und sie trägt unsichtbare Ketten, die sie an uns weitergegeben hat. Eine unbeschwerte Kindheit kann es demnach kaum geben.

Es kann einem vor der eigenen Mutter schon angst und bange werden. Keine gute Botschaft für all diejenigen, die bisher glaubten, eine zufrieden stellende oder gar glückliche Kindheit gehabt zu haben. Möglicherweise haben sie sich komplett getäuscht und mussten unter einer narzisstischen Mutter leiden. Als Folge können sie heute ihre wirkliche Persönlichkeit gar nicht ausleben, ohne es jemals selbst zu bemerken.

Alice Miller schrieb zahlreiche Bücher. Ihr Tenor war pessimistisch. Im Klappentext zu „Am Anfang war Erziehung" ist zu lesen: „In diesem Buch öffnet uns Alice Miller die Augen über die verheerenden Folgen der Erziehung – die ja angeblich nur das Beste für das Kind will. Sie tut dies … durch die Darstellung der Kindheit einer Drogensüchtigen (Christiane F.), eines Diktators (Adolf Hitler) und eines Kindesmörders (Jürgen Bartsch). Ihr Buch verhilft uns zu einem … emotionalen Wissen von der Tatsache, dass Psychosen, Drogensucht, Kriminalität ein verschlüsselter Ausdruck der frühesten Erfahrungen sind." Was suggeriert uns dieser Text? Es sind die Mütter, die Kinder so unglücklich machen, dass sie später ihr Leben mit Drogen ruinieren müssen, oder so destruktiv-aggressiv werden, dass aus ihnen grausame Diktatoren und Mörder werden. Was der Titel „Am Anfang war Erziehung" sagen will, wird erst auf den zweiten Blick klar. Erziehung ist für das Heil und Unheil der Menschheit verantwortlich. Und meistens nimmt sie einen Verlauf mit schrecklichen Folgen. Kann es eine schwerere Bürde für Mütter geben?

Wer sich auf diese Sichtweise auch nur teilweise einlässt, dem bleibt keine Wahl. Er muss sein gesamtes Leben hinterfragen. Bei Alice Millers Leserinnen und Lesern setzt sich eine nagende Ungewissheit fest: War vielleicht doch alles, was wir bisher dachten, fühlten und taten, falsch? Erziehe ich falsch, ohne es zu merken? Hat mich meine Mutter um einen Teil meiner Persönlichkeit gebracht? Auf diese brennenden Fragen erhalten wir aber keine Antworten. Denn wir selbst können weder unser eigenes Unbewusstes noch das unserer Mutter entdecken. Dazu braucht es eine langdauernde Psychotherapie. Somit ist die Konstruktion des Unbewussten eine Quelle permanenter Verunsicherung, Zweifel und Schuldgefühle.

Millers Horrorszenarium über Mütter und deren Erziehungsmethoden kam in den deutschsprachigen Ländern gut an. Ihre Bücher verkauften sich glänzend. Und ihre schaurigen Metaphern prägten sich tief im Herz ihrer Leserinnen und Leser ein. Dort lösten sie nur eins aus – große Angst und Sorge – Angst davor, ausgerechnet bei dem Fehler zu machen, was Müttern am meisten am Herzen liegt, bei der Erziehung ihrer Kinder. Und wenn dann zusätzlich die Qualität der Erziehung das ganze weitere Lebensschicksal ihres Kindes tief greifend prägt, dann ist das Dilemma der Mutter nicht mehr aufzulösen. Selbst wenn sie das Beste für ihr Kind will und ihr Bestes gibt, muss sie gemäß dieser Theorie befürchten, ihrem Kind schweren und lebenslangen Schaden zuzufügen. Das möchte keine Mutter. Aber was sie auch tut, nie kann sie wirklich sicher sein, dass es das Richtige ist. Wenn wir Erziehung unter diesen Vorzeichen konzipieren, gehen wir ein enormes Risiko ein: nämlich verunsicherte Eltern. Mit feinen Antennen registrieren die Kinder sofort diese Unsicherheit und tun nur noch eins: Sie versuchen sie auszunutzen. Auf diesem Hintergrund ist Erziehung Schwerstarbeit.

So wichtig und zukunftsweisend Millers Untersuchungen und deren Deutung gewesen sein mögen, mit ihren Büchern legte sie die Grundlage für eine tief greifende Verunsicherung in allen Erziehungsfragen.

Seit Freud haben zahllose Studien den Einfluss frühkindlicher Erfahrungen untersucht. Durch seine Theorie angeregt, haben sich diese Arbeiten einseitig auf Risikofaktoren konzentriert, die uns in unserer Entwicklung schaden und unser persönliches Wachstum einschränken könnten. Dabei wurden im Laufe der Zeit immer mehr potenziell traumatische Ereignisse identifiziert. Es schien „das Leben so gewagt, wie das Überqueren eines Minenfeldes und die Kindererziehung so risikovoll wie das Laufen auf dünnem Eis", so Ben Furman, ein weltweit anerkannter Facharzt für Psychiatrie (1999, S. 16). Vor allem in der Öffentlichkeit entstand das Bild der kindlichen Psyche als einer Art zartem Pflänzchen, das durch jede noch so kleine Erschütterung lebenslang geknickt werden kann. Auf diesem Hintergrund kann Erziehung gar nicht gelingen. Denn sie kann gar nicht ideal verlaufen. Und vermutlich wäre es auch gar nicht so günstig, wenn ein Kind sich nie mit kritischen Situationen auseinander setzen müsste. Denn wie soll ein Erwachsener Herausforderungen überwinden, wenn er es als Kind nicht gelernt hat?

Was aber auch immer die Eltern tun: Kaum zeigt ihr Kind problematisches Verhalten, sind sie es, die von der Öffentlichkeit vorschnell beschuldigt und zur Verantwortung gezogen werden.

In der westlichen Welt verankerte sich die Überzeugung, dass sich alle psychischen Probleme aus den Erfahrungen unserer Kindheit herleiten ließen. Viele Menschen sind deshalb felsenfest davon überzeugt, dass die Wurzeln unserer Persönlichkeit und unserer aktuellen Lebensbewältigung in unserer Kindheit liegen. Wer als Erwachsener nur schwer zurecht kommt, ist sicher als Kind schlecht behandelt worden. Von wem wohl? Natürlich von der Person, die hauptsächlich für die Erziehung zuständig war, also fast immer von der Mutter. „In jeder Krankengeschichte eines gestörten Kindes, eines Alkoholikers, eines suizidalen, schizophrenen, psychopathischen oder neurotischen Erwachsenen, ... eines krebskranken, asthmatischen oder sonst wie leidenden Amerikaners", so Betty Friedan (1977), „kam eine Mutter vor. Eine frustrierte, gemütskranke, gequälte, niemals befriedigte unglückliche Frau. Eine ewig fordernde, nörgelnde, zänkische Ehefrau" (S. 128).

Zum Glück, ist man geneigt zu sagen, hat mittlerweile eine Vielzahl von Studien die Behauptung des angeblich so weit reichenden Erziehungseinflusses klar widerlegt.

Dennoch hält sich das Bild von den Eltern als Weichensteller der kindlichen Entwicklung hartnäckig in unseren Köpfen.

Als Erwachsene haben viele Menschen diese Sichtweise übernommen und wenden sie rückwirkend auf ihr Leben und ihre Geschichte an. Damit erhält die eigene Biografie eine besondere Färbung. Es ist uns noch schwer vorstellbar, selber Verantwortung zu übernehmen, wenn wir einzig und allein ein Produkt unserer Erziehung sein sollen, die wir ja selbst nicht beeinflussen konnten.

So sind wir in der Lage, jeden Aspekt unserer Persönlichkeit, den wir nicht oder nur schwer akzeptieren können, den Erziehungsfehlern unserer Eltern zuzuschreiben und beruhigt als das Ergebnis einer fehlgelaufenen Erziehung abzutun. Auf diese Weise interpretieren wir aber die Beziehung zu unseren Eltern einseitig negativ. Könnten die Eltern denn nicht auch einen positiven Beitrag zu unserer Entwicklung geleistet haben?

Wenn wir davon überzeugt sind, dass unsere aktuellen Schwierigkeiten das Resultat einer unglücklichen Kindheit sind, dann finden wir dafür auch genügend „Belege". Wer so seine eigene Geschichte und die Beziehung zu seinen Eltern durchsucht und interpretiert, kann nur wenig Erfreuliches entdecken. Diese Sichtweise trennt Kinder von ihren Eltern und erschwert Wiederannäherung und Versöhnung.

In der öffentlichen Diskussion wurden aus der Freudschen Theorie im Zuge einer groben Verallgemeinerung falsche Schlussfolgerungen gezogen:

Jede Kränkung, die ein Kind während der frühen Kindheit erlebt, kann zu schweren psychischen Schädigungen führen.

Jedes Kind, das eine traumatische Kindheit erlebt hat, wird als Erwachsener Probleme mit sich, dem Leben oder anderen Menschen haben.

Wenn ein Erwachsener Probleme hat, so sind sie das Ergebnis einer schwierigen Kindheit.

Wenn ein Kind problematisches Verhalten zeigt, liegt es an den Eltern, die in der Erziehung etwas falsch machen. Nach Freud können Eltern sogar Fehler machen, ohne dies selbst zu bemerken. Sie handeln dann unbewusst.

Wer aufgrund einer traumatischen Kindheit später Probleme hat, braucht eine lange Therapie, in der er seine Vergangenheit in einem langwierigen Prozess durch- und umarbeiten muss.

Der Umwelteinfluss, vor allem der Einfluss der Erziehung, wird zum hauptbestimmenden Faktor unseres Lebens in allen seinen zentralen Aspekten.

„Es ist nie zu spät für eine glückliche Kindheit"

In letzter Zeit häufen sich die Befunde dafür, dass es zahlreiche Menschen gibt, die trotz schwierigster Kindheit später als Erwachsene ein zufriedenes und normales Leben führen.

Das Besondere an Ben Furman, den wir oben bereits kennen gelernt haben, ist, dass er seinen Blick nicht auf potenziell traumatische Kindheitsereignisse richtet, sondern stattdessen auf die Ressourcen und die Selbstheilungskräfte seiner Klienten. Als er eines Tages mit seinem Auto unterwegs war, wurde er von einem Motorradfahrer überholt, der eine Lederjacke trug und dessen zerzaustes Haar unter dem Helm hervorquoll. Er hatte ein Schild auf sein Motorrad montiert, auf dem Ben Furman lesen konnte: „Es ist nie zu spät für eine glückliche Kindheit." Dieses Schild veranlasste ihn dazu, eine Annonce aufzugeben, in der er sich an Menschen wandte, die eine schwierige Kindheit hinter sich hatten. Er bat darum, ihm Antworten auf drei Fragen zu senden:

Was hat Ihnen dabei geholfen, die schwierigen Kindheitserlebnisse zu bewältigen?

Was haben Sie aus Ihrer schwierigen Kindheit gelernt?

Wie haben Sie später im Leben die Erfahrungen gesammelt, die Ihnen in der Kindheit gefehlt haben?

Ben Furman war von dem Echo auf seine Anzeige überwältigt. Er erhielt mehr als 300 Briefe. Schließlich meinte er, dass erst das Lesen dieser Briefe seine Augen geöffnet hätte – und zwar auf die Selbstheilungskräfte des Menschen. In seinem Buch „Es ist nie zu spät, eine glückliche Kindheit zu haben" (1999) veröffentlichte er einige der Zuschriften auf seine Annonce. Damit hinterfragt er den Mythos, nach dem unser ganzes Leben entscheidend davon abhängen soll, wie unsere Kindheit verlaufen ist.

Neben vielen anderen Menschen lässt Furman auch Anja, die Tochter eines gewalttätigen Alkoholikers, zu Wort kommen. Wer mit Eltern aufwächst, die schwere Alkoholprobleme haben, kann nach Ansicht der Fachleute keine glückliche Kindheit gehabt haben. In der Tat erleben Kinder alkoholkranker Eltern Dinge, die sich andere kaum vorstellen können. Vor allem Männer neigen in alkoholisiertem Zustand zur Gewalt gegenüber ihrer Familie. Wenn ein Ehemann seine Frau schlägt, herumschreit und in der Wohnung randaliert, erleben alle Familienmitglieder extreme Angst und Ohnmacht selbst dann, wenn sie aktuell gar nicht im Fokus der Gewalthandlungen stehen. Kinder aus Alkoholikerfamilien erleben Extremsituationen. Die Auswirkungen solcher Erlebnisse sind vor allem für die Kinder besonders schwerwiegend, weil sie von ihren Eltern existenziell abhängen. Außerdem ist es Kindern kaum möglich, diese komplexe Situation zu durchschauen oder zu interpretieren. Häufig meinen sie, sie selbst trügen die Schuld für die Gewalthandlungen ihrer Väter. Trotz solcher Erfahrungen gelingt es Anja, ihrer Kindheit eine positive Note abzugewinnen: „Über meine Kindheit bin ich nicht mehr bitter, sondern denke, dass sie mich gestärkt hat. Ich musste dafür sorgen, dass ich alles allein schaffe und musste lernen mit wenig Geld klar zu kommen" (S. 61).

Eine andere Schreiberin stellt fest: „Trotz einer schwierigen Kindheit kann es einem als Erwachsenem richtig gut gehen oder auch schlecht. Oft hört man, dass der Apfel nicht weit vom Baum fällt und du das Ergebnis deiner Erziehung bist. Du kannst kein harmonischer Erwachsener werden, wenn dein Urvertrauen in der Kindheit gestört wurde. Es gibt jedoch viele Beispiele dafür, dass dies so nicht stimmt. Man wächst als Mensch durch viele Erfahrungen. In diesem Sinne hatte ich besonders viele Chancen zu wachsen. Ich habe sicherlich eine Wunde aus der Kindheit behalten, aber sie hindert mich nicht daran, das Leben zu genießen und alle mir gestellten Herausforderungen zu bewältigen. Es ist gut, dass jemand an dem Kindheitsmythos rüttelt, denn es gibt viele, die noch daran glauben." (S. 8)

Eine interessante Konsequenz aus einer schwierigen Kindheit zieht die Verfasserin der folgenden Zeilen: „Ich habe erkannt, dass wir Schwierigkeiten nicht haben, um schrecklich viel leiden zu müssen, sondern um etwas durch sie zu lernen." (S. 39)

Langsam wächst die Zahl der Wissenschaftler und Praktiker, die sich damit befassen, wie Menschen schwierige Situationen überwinden. In ihrem Buch „Vulnerable but invincible" „Verletzlich aber unbesiegbar" (1980) berichten Emmy Werner und Ruth Smith von ihren Studien auf Hawaii. Sie beobachteten dort über dreißig Jahre hinweg das Leben der Bevölkerung. Jeder Dritte mit einer so genannten problematischen Kindheit schaffte es bis zum achtzehnten Lebensjahr, sich zu einem selbstbewussten jungen Erwachsenen zu entwickeln, der sich für seine Umwelt und seine Mitmenschen interessiert – ohne therapeutische Begleitung, versteht sich. Zwei Drittel der 18-jährigen Jugendlichen hatten Probleme und wurden deswegen zu den Risikojugendlichen gezählt. Als Werner und Smith diese Gruppe im Alter von 32 Jahren wieder untersuchten, zeigte sich, dass sich zwei Drittel zu Erwachsenen entwickelt hatten, die gut im Leben zurechtkamen – ebenfalls ohne Therapie. Insgesamt waren drei Viertel der Personen mit schwerer Kindheit später unauffällig.

Andere Untersuchungen bestätigten diese Befunde. Eine Studie aus den USA von Renaud and Estess untersuchte die Kindheit von hundert sehr erfolgreichen und hundert normalen amerikanischen Männern. Der Großteil von ihnen hatte traumatische Erlebnisse in der Kindheit. Selbst in der Gruppe der sehr erfolgreichen Männer schilderten viele aus ihrer Kindheit Ereignisse, die als traumatisch angesehen werden können.

Aus den oben angeführten Briefen, die Ben Furman erhielt, konnten wir bereits lernen, dass nicht alle Kinder von Alkoholikern später selbst Alkoholiker werden. Ähnlich verhält es sich mit Kindern, die in gewalttätigen Familien aufwachsen. Nur wenige der Kinder üben als Erwachsene dann selbst Gewalt aus. Wer Gewaltopfer einmal behandelt oder interviewt hat, hört von ihnen sehr häufig, dass sie ihre eigenen Kinder anders behandeln möchten, als sie selbst behandelt worden sind. Nicht alle erreichen dieses Ziel, aber viele. Auch Erwachsene, die sexuelle Übergriffe während ihrer Kindheit erlebt haben – eines der schlimmsten Traumata überhaupt –, fügen diese nicht automatisch ihren Kindern wieder zu, sondern sie können sich von diesen Erfahrungen innerlich distanzieren.

Ändern sich Menschen, wenn sie belohnt werden?

Vor mehr als fünfzig Jahren saß ein Psychologe, der mit seiner Theorie später weltweit Aufsehen erregen sollte, vor einem Käfig und beobachtete konzentriert das Verhalten einer männlichen Taube. Diese Tiere sind dafür bekannt, dass sie sich hin und wieder zufällig um ihre eigene Achse drehen, was an eine Art Pirouette erinnert. Die Drehungen sind Teil ihres Balzverhaltens. Als unsere Taube zufällig eine Pirouette ausführte, erhielt sie sofort eine Futterpille. Auf die nächste Pirouette folgte unverzüglich wieder eine Futterpille. Für jede weitere Pirouette gab es immer sofort eine Futterpille. Schon nach kurzer Zeit zeigte die Taube eine Pirouette nach der anderen. Das Resultat elektrisierte den Wissenschaftler. Hatte er eine unbegrenzte Möglichkeit der Verhaltensformung entdeckt?

Er überprüfte in der Folgezeit, ob mit Bestrafung ähnliche Resultate möglich wären. Eine Ratte, die in einem zweigeteilten Käfig saß, erhielt, kurz nachdem eine Signallampe aufleuchtete, einen Stromschlag. Diesen konnte sie aber vermeiden, wenn sie rechtzeitig, das heißt sofort nach Aufleuchten der Lampe, in die andere Käfighälfte hinüberwechselte, die stromfrei blieb. Zunächst wechselte unsere Ratte rein zufällig die Käfigseite, wenn die Signallampe aufleuchtete. Aber nach kurzer Zeit hatte sie den Zusammenhang von Signallampe und Stromschlag in der einen Käfighälfte beziehungsweise kein Stromschlag in der anderen Käfighälfte erfolgreich gelernt und wechselte immer rechtzeitig in die stromfreie Käfighälfte.

Der Psychologe und seine Kollegen schienen für manche eine faszinierende, für andere eine gefährliche Methode der Verhaltensbeeinflussung gefunden zu haben. Wir müssen nur ein bestimmtes Verhalten belohnen oder bestrafen, um das betroffene Tier dazu zu bringen, sich so zu verhalten, wie wir es wünschen. Hunderte von ähnlichen Versuchen folgten. Sie schienen zunächst diese Ergebnisse zu bestätigen.

Aber wie steht es um die Formung von Persönlichkeitseigenschaften beim Menschen? Sind diese auch so einfach zu manipulieren? Die Antwort schien zunächst „ja". Dazu diente ein Experiment, in dem ein kleiner Junge namens Albert dazu gebracht wurde, sich vor einer Ratte zu fürchten. Immer wenn Albert die Ratte zu Gesicht bekam, ertönte nämlich gleichzeitig ein sehr lautes und unangenehmes Geräusch, das den Jungen sehr ängstigte. Anfangs hatte Albert noch keinerlei Angst vor der Ratte. Doch durch die Kopplung von Ratte und Geräusch zeigte er schließlich sogar dann Angst, wenn nur die Ratte ohne das Geräusch auftauchte.

Alles deutete darauf hin, dass Angst vor einem ganz neutralen Reiz durch die Kopplung dieses neutralen Ereignisses mit einem sehr unangenehmen Reiz wie Lärm oder einem elektrischen Schlag entstehen kann. So wird beispielsweise manchen Menschen plötzlich in engen Menschenansammlungen wie in Warenhäusern oder in Aufzügen schlecht. In der Folge meiden sie dann solche Orte, da sie damit unangenehme Empfindungen und Vorstellungen verbinden. Eine ursprünglich neutrale Situation wie Fahrstuhl fahren ist zu einer angstauslösenden Situation geworden.

Diese und ähnliche Beobachtungen übertrug Watson, so der Name eines der prominentesten Vertreter dieses Ansatzes, auf die Beeinflussbarkeit von Menschen: „Gebt mir ein Dutzend gesunder, wohlgebildeter Kleinkinder und eine von mir spezifizierte Welt, in der ich sie aufziehen kann, und ich garantiere, dass ich jedes nach Zufall ausgewählte Kind zu jeder Art Spezialist ausbilden kann, für die ich mich entscheiden mag – Arzt, Rechtsanwalt, Künstler, Geschäftsmann – ja sogar Bettler und Dieb, ohne Rücksicht auf seine Begabungen, Neigungen, Vorlieben, Fähigkeiten, Talente und die ethnische Herkunft seiner Vorfahren." (1924)

Wie wir gleich sehen werden, hat Watson seine Ergebnisse aber vorschnell verallgemeinert. Denn sogar bei Tieren ist die Möglichkeiten der Verhaltensformung vom Repertoire der Tiere her sehr begrenzt. Zwei Wissenschaftler erhielten von einem Zirkus den Auftrag, ein Schwein dazu zu bringen, eine hölzerne Münze in ein „Sparschwein" zu tragen. Für jeden Erfolg erhielt es Belohnung in Form von Futter. Schweine haben aber eine ausgeprägte Vorliebe zum Herumschnüffeln. Dieses Experiment scheiterte daran, dass das Schwein immer wieder zu viel Zeit mit Herumschnüffeln verbrachte und trotz Belohnung nur begrenztes Interesse daran zeigte, die Münze innerhalb eines vernünftigen zeitlichen Rahmens ins Sparschwein zu stecken. Trotz ihrer Bemühungen gelang den Wissenschaftlern keine zirkusreife Dressur. Dabei ist zu berücksichtigen, dass es sich bei diesem Dressurversuch eigentlich um ein wenig komplexes Verhalten handelte.

Das Konzept des Lernens durch Belohnung oder Bestrafung sieht uns Menschen als eine einfache Maschine an, die allein durch die Konsequenzen, die auf ein Verhalten folgen, steuerbar sein soll. Belohnung soll dazu führen, dass ein bestimmtes Verhalten häufiger ausgeführt wird, während Bestrafung die Häufigkeit eines Verhaltens reduzieren soll.

Diese Theorie hat den Einfluss von Umweltereignissen als ausschlaggebenden Faktor für menschliches Verhalten ganz besonders betont. Auch wenn es sich dabei nicht notwendigerweise um frühkindliche Erfahrungen handelt, so hat sie doch einen ganz erheblichen Beitrag dazu geleistet, dass in der Öffentlichkeit die Bedeutung von Umwelteinflüssen einseitig in den Vordergrund gerückt wurde.

Dieses sehr mechanische Menschenbild findet zwar heute in dieser Form glücklicherweise kaum mehr Zustimmung. Aber die dahinter stehende Vorstellung, dass Umwelteinflüsse einen extremen Einfluss haben, blieb bis heute bestehen.

Lernen durch Beobachtung

Alle Eltern wissen, dass ihre Kinder, vor allem wenn sie noch klein sind, andere Menschen teilweise bis ins kleinste Detail nachahmen. Von dieser Form des Lernens, die in der Fachsprache „Lernen durch Beobachtung" genannt wird, profitieren besonders Kinder. Wissenschaftlich wurde diese wichtige Form des Lernens vor allem von Albert Bandura untersucht. Er befasste sich auch mit der Frage, warum Kinder manche Verhaltensweisen, die sie gelernt haben, eher zeigen und andere nicht. Vereinfacht gesagt kommt hier wieder das Konzept von Belohnung und Bestrafung ins Spiel. Kinder führen nämlich das Verhalten eher aus, von dem sie Belohnung erwarten. Andere Verhaltensweisen, die sie ebenfalls gelernt haben, führen sie nicht aus, wenn sie damit rechnen, dafür bestraft zu werden. Für uns ist wichtig, dass auch die Theorie des Beobachtungslernens wiederum Umweltaspekte für die Entwicklung unserer Persönlichkeit in den Vordergrund stellt.

Diese Gedanken wurden weiterentwickelt und stellen heute die Grundlagen der Verhaltenstherapie dar. Einige Vertreter dieses Ansatzes beginnen inzwischen, von der Öffentlichkeit allerdings unbemerkt, genetische Einflüsse zu akzeptieren.

Müssen jetzt alle Familien therapiert werden?

Die relativ junge Therapierichtung der Familientherapie ist heute weltweit verbreitet. Während die psychoanalytische Therapie Sigmund Freuds die Kindheit als entscheidende Phase für unser Leben ansieht, legt die Familientherapie den Schwerpunkt auf unsere aktuellen Beziehungen, besonders auf Familie und Partnerschaft. Vor allem unangemessene Kommunikationsmuster führen dort zu problematischen Beziehungen. Diese sollen dafür ausschlaggebend sein, ob wir uns gut oder schlecht fühlen, psychisch gesund oder krank sind.

Diese Schwerpunktverlagerung bedeutete insofern eine Entlastung, als nicht mehr ein Einzelner für seine Probleme verantwortlich war, sondern eine Gruppe von Personen. Der Preis dieser Verlagerung ist allerdings hoch. Es wurde ein neuer Schuldiger geschaffen: die Familie. Schon der unglücklich gewählte Ausdruck Familientherapie deutet darauf hin, dass in einer Familie etwas nicht stimmt – andernfalls bräuchte sie keine Therapie.

Die Anfänge der familiendynamischen Sichtweise stammen aus den USA und stehen in engem Zusammenhang mit der Forschung über Schizophrenie. Dort begannen in den Anfängen der fünfziger Jahren einige psychoanalytisch ausgebildete Therapeuten gegen eine bis anhin strenge Regel zu verstoßen. Sie hintergingen die so genannte Abstinenzregel, die besagte, dass Therapeuten auf keinen Fall Kontakt mit den Angehörigen ihrer Patienten aufnehmen dürften. Dahinter stand die Vorstellung, dass dadurch die therapeutische Beziehung ungünstig beeinflusst werden könnte. Einige taten es trotzdem. Hinter dem Rücken ihrer Vorgesetzten oder manchmal auch durch den Zufall begünstigt, trafen sie sich mit den Angehörigen ihrer schizophrenen Patienten.

Dabei machten sie eine überraschende Entdeckung. In Gesprächen mit dem Patient und dessen Angehörigen schien sich nicht nur der Patient, sondern auch seine Angehörigen merkwürdig zu verhalten. Einige Forscher gingen nun daran, die beobachteten Kommunikationsmuster genauer zu analysieren. Mit Hilfe neuer technischer Errungenschaften wie Video-Kameras konnten sie Gespräche aufnehmen und sie später beliebig oft wieder abspielen. Das Resultat dieser Bemühungen war eine in Fachkreisen enormes Aufsehen erregende Publikation mit dem Titel „Toward a theory of schizophrenia" (Auf dem Weg zu einer Theorie über die Schizophrenie), die von vier der einflussreichsten Vertreter der Familientherapie überhaupt vorgelegt wurde. Sie vertraten darin einen völlig neuen Ansatz in Bezug auf Schizophrenie. Demnach war Schizophrenie keine Krankheit, sondern das Ergebnis einer bestimmten Kommunikationsform innerhalb der Familie. Vereinfacht gesagt, war es eine Art widersprüchlicher Kommunikation, die ein Familienmitglied krank werden ließ. Familientherapeuten stuften „bizarres" Verhalten, wie bei Schizophrenen typisch, sogar als eine Art sinnvolle Reaktion auf die „verrückte" Kommunikation innerhalb ihrer Familie ein. Der Schizophreniekranke, so die Idee, reagiere nur deshalb so bizarr, weil sich seine Angehörigen so extrem widersprüchlich verhielten.

Diese Theorie löste bei den Fachleuten Begeisterung aus. Denn sie hofften, durch eine entsprechende Familientherapie Schizophrenie heilen zu können. Die oben genannte Arbeit beeinflusste die praktische Arbeit einer Vielzahl von Therapeuten. Unter dem Stichwort „double-bind", auf Deutsch etwa Doppelbindung, fand sie Eingang in die öffentliche Diskussion.

Vielen Eltern machte diese Sichtweise allerdings große Angst. Denn, so muss man sich sofort fragen, welche anderen Schädigungen kann Erziehung denn noch hervorrufen, wenn sie sogar so schwer zu beeinflussende Krankheitsbilder wie Schizophrenie hervorbringen kann?

Zahlreiche Fachleute, die diesen Ansatz vertraten, beschuldigten Eltern mehr oder weniger direkt, ihre Kindern schizophren gemacht zu haben. Wir haben oben gesehen, dass verhaltensgenetische und mittlerweile sogar molekulargenetische Studien diese Ansicht klar widerlegen.

Es dauerte einige Zeit, bis die familientherapeutische Sichtweise aus Amerika im deutschsprachigen Raum Aufnahme fand. Einer der Pioniere war der Psychoanalytiker Horst-Eberhard Richter. Er legte zwei Bücher vor, die großes Aufsehen erregten: „Patient Familie" und „Eltern, Kind, Neurose". Obschon es der Autor sicher nicht beabsichtigte, legten allein die Titel dieser Bücher die Vorstellung nahe, dass Eltern beziehungsweise ganze Familien entweder selbst krank seien oder ihre Kinder krank oder neurotisch machten.

Natürlich möchte niemand der mit diesem Ansatz heute arbeitenden Fachleute Eltern beschuldigen. Deshalb bemühen sich viele Therapeuten, wie etwa Gunther Schmidt aus Heidelberg, der besonders deutlich auf den negativen und kränkenden Beigeschmack des Begriffs Familientherapie hingewiesen hat, dem entgegenzusteuern. Sie benutzen lieber den neutraleren Begriff „Systemtheorie", der gleichzeitig eine Sammelbezeichnung für verschiedene Varianten dieser Therapieform darstellt. Sie bemühen sich in Theorie und Praxis um eine neutrale Haltung gegenüber Eltern und Kinder, die den Respekt und die Achtung vor der Einzigartigkeit jedes einzelnen Familienmitglieds in den Vordergrund rückt. Sie sind am Potenzial und an den Ressourcen ihrer Klienten viel mehr interessiert als daran, deren Vergangenheit und Kindheit zu untersuchen.

Braucht eine Familie einen Boss?

Frau Huber ist alleinerziehende Mutter. Ihre beiden Kinder Flora und Julian sind 11 und 7 Jahre alt. Sie wendet sich an eine psychologische Beratungsstelle, weil Julian einfach nicht folgen möchte und seine Mutter nicht im geringsten respektiert. Im Gespräch mit dem Therapeuten berichtet Frau Huber davon, dass sie schon alles versucht habe, Florian sei aber nicht zu bändigen. Der Therapeut führt mit der Mutter einen Familientest durch. Er fordert Frau Huber auf, ihre Familie anhand von Figuren aufzustellen. Dabei hat sie die Möglichkeit, einzelne Figuren-Familienmitglieder auf kleine Klötze zu stellen, um zu symbolisieren, dass diese Familienmitglieder über besonders viel Einfluss und Macht in der Familie verfügen. Durch die Entfernungen zwischen den einzelnen Figuren kann Nähe und Distanz innerhalb der Familie verdeutlicht werden. Frau Huber stellt Florian gleich auf zwei Holzklötze, für sich selbst sieht sie keinen Holzpodestplatz vor. Flora stellt sie auf die gleiche Ebene wie sich selbst. Nach dieser Darstellung, die übrigens aus Julians Sicht ganz anders aussehen könnte, dominiert Julian eindeutig seine Familie, da er am höchsten steht.

Eine solche Darstellung alarmiert viele Familientherapeuten. Vor allem diejenigen, die glauben, eine Familie brauche klare Strukturen und Generationsgrenzen, das heißt Grenzen zwischen Eltern und ihren Kindern, um gut funktionieren zu können. Nicht die Kinder sollen das Sagen haben, sondern die Eltern. Wenn Eltern ihren Kindern zu viel Macht einräumen, so führt dies nach dieser Theorie zwangsläufig zu problematischen Familienbeziehungen.

Aus der Familienaufstellung der Mutter leitet sich das therapeutische Vorgehen ab. Sie soll selbst die höchste Position einnehmen – Julian muss demnach nach „unten". Im Verlauf der Therapie versucht Frau Huber mit ihrem Therapeuten dieses neue Szenario in ihrem Erziehungsalltag Realität werden zu lassen.

Vielen Eltern ist mit diesem oder einem ähnlichen Vorgehen geholfen worden. Manchen Eltern nicht. Manche fühlten sich insgeheim von ihrem Therapeuten beschuldigt, die Hauptverantwortung am familiären Konfliktmuster zu tragen.

Das ist nicht überraschend. Denn der Schwerpunkt der therapeutischen Arbeit liegt auf der Arbeit mit der Mutter. Die symbolische Darstellung der Familie machte Frau Huber indirekt deutlich, dass ihre Familienstruktur nicht in Ordnung war. Dafür trug sie die Verantwortung.

Möglicherweise benahm sich aber Julian auch deshalb anders, weil er über eine andere genetische Ausstattung als seine Schwester verfügte und von daher nicht so leicht zu erziehen war. Tatsächlich werden wir später sehen, wie Kinder mit ihrem jeweils einzigartigen Verhalten ihre Eltern zu einzigartigem und genau auf dieses Verhalten abgestimmten Erziehungsverhalten „verleiten". Ein Kind, das sich von seinen Anlagen her weniger auf seine Umgebung einstellen kann, kann seinen Eltern nicht so gut gehorchen wie ein sehr anpassungsfähiges Kind. Dadurch sehen sich die Eltern veranlasst, diesem Kind gegenüber anders zu reagieren als seinem flexibleren Geschwister gegenüber. So entwickeln beide, Eltern und Kind, eine einzigartige Form der Beziehung. Diese ist im Fall von Julian vermutlich konfliktgeprägter als im Fall von Flora.

Wir haben jetzt die wichtigsten psychotherapeutischen Theorien kennen gelernt und gesehen, wie sie Umwelteinflüsse überbetonen.

Natürlich haben aber auch Wissenschaftler versucht, den Umwelteinfluss nachzuweisen. Ihre Ergebnisse wurden von der Öffentlichkeit aufgenommen und schienen zunächst die psychotherapeutischen Theorien zu bestätigen. Damit werden wir uns jetzt befassen.

Eine kurze Geschichte der Kindheit

Der Mensch musste von Anbeginn bis heute härtesten äußeren Bedingungen standhalten. In seiner Geschichte spielen psychologische Aspekte bei der Erziehung erst seit allerkürzester Zeit eine Rolle. Meist ging es nicht um Liebe, sondern ums nackte Überleben.

Das harte Leben der Kinder

Jean-Pierre und Fabienne waren beide anfangs dreißig. Fabienne hatte bereits sieben Kinder zur Welt gebracht, aber nur vier von ihnen waren noch am Leben. Der Sommer war zwar in jenem Jahr noch nicht besonders gewesen, aber jetzt war das wenige Getreide, das eine wichtige Überlebensgrundlage für die Familie darstellte, gut herangereift. Das Wetter war gut, und bei den Eltern keimte Hoffnung auf eine befriedigende Ernte auf. Als sie auf dem Feld eintrafen, war die Sonne gerade aufgegangen. Ein langer und harter Tag stand ihnen und ihren Kindern bevor. Natürlich halfen alle mit, die nur einigermaßen in der Lage waren zu arbeiten. Bei den Kindern war dies bereits ab sieben bis acht Jahren der Fall. Aber die kleine Loretta, die erst 15 Monate alt war, und ihr gut ein Jahr älterer Bruder konnten natürlich noch nicht mithelfen. Da die Großeltern bereits gestorben waren, gab es niemanden, der auf die Kleinen acht geben konnte. Jean-Pierre und Fabienne nahmen sie deshalb aufs Feld mit. Da sie arbeiten musste, konnte sich Fabienne nicht besonders um die beiden kümmern. Sie machte es wie seinerzeit üblich: Sie wickelte die Kinder so eng und fest, dass sie sich nicht mehr bewegen konnten. Dann hängte sie sie zum Schutz vor Sonne und Tieren, so wie sie gewickelt waren, in einen Baum und ging mit ihrem Mann und den übrigen Kindern ihrer Arbeit nach. Bald begannen die beiden zu weinen, und da Fabienne gerade in der Nähe war, konnte sie sie gut hören. Aber sie hatte keine Zeit, nach den beiden zu sehen. Sie wusste, nach einiger Zeit würde deren Weinen leiser werden und schließlich ganz verstummen.

Loretta hatte Glück und überlebte ihre Kindheit. Sie heiratete mit Anfang zwanzig und brachte 8 Kinder zur Welt, von denen fünf überlebten. Sie war harte Arbeit gewohnt und konnte zusammen mit ihrem Mann ihre fünf Kinder durchbringen.

Ihrem gut ein Jahr älteren Bruder war das Schicksal weniger geneigt. Er starb in jenem Winter an einer Infektion, weil er durch Unterernährung geschwächt war. Seine Eltern trugen ihn zu Grabe, aber das Leben der Familie wurde durch dieses Ereignis nicht besonders berührt.

Dies ist der Alltag einer Bauernfamilie, wie er im Frankreich des frühen 18. Jahrhunderts die Regel darstellte. Heute würden diese Eltern wegen Kindsmisshandlung angezeigt, und das Jugendamt würde ihnen die Sorge um ihre Kinder entziehen.

Natürlich wurden Kinder schon immer erzogen, und oft lag die Zuständigkeit dafür auf Seiten der Mutter. Allerdings ergaben sich im Laufe Jahrhunderte und vor allem der letzten Jahrzehnte gewaltige Veränderungen, die die Mutter-Kind-Beziehung und die Erziehung enorm beeinflussten.

Zunächst die Zahl der Kinder. In früheren Generationen haben Mütter mehr Kinder geboren, da die heute üblichen Möglichkeiten der Geburtenkontrolle noch nicht vorhanden waren. In kurzer Abständen folgte ein Kind dem anderen. Einige starben, manche überlebten. Die Arbeit im Haushalt war hart und noch nicht durch all die neuzeitlichen technischen Errungenschaften wie Waschmaschinen erleichtert. Die Konsequenzen liegen auf der Hand: Mütter hatten keine Zeit für ihre Kinder, die Erziehung lief nebenher. Die Kinder waren, ob gewollt oder nicht, einfach da. Jetzt musste man sich unter oft enormen Entbehrungen arrangieren, wie das Zitat von Arthur Imhof um circa 1800 belegt: „Der Bauer freut sich, wenn seine Frau ihm das erste Pfand der Liebe bringt, er freut sich auch beim zweiten oder dritten, aber nicht so beim vierten, da treten schon Sorgen an die Stelle der Freude … Er sieht alle nachkommenden Kinder als feindliche Geschöpfe an, die ihm und seiner Familie das Brot vor dem Mund wegnehmen. Sogar das zärtlichste Mutterherz wird schon für das fünfte Kind gleichgültig, und dem sechsten wünscht sie schon laut den Tod."

Es ist noch gar nicht so lange her, dass diejenigen, die es sich leisten konnten, ihre Kinder einfach zu Ammen gaben, und zwar von Geburt an und wenn möglich ganz außer Haus. Dort blieben sie bis zum Alter von zwei bis vier Jahren. Im Alter von acht oder zehn Jahren verließen die Kinder wohlhabender Eltern aus Bildungsgründen, die Kinder armer Eltern aus finanziellen Gründen, wiederum Vater und Mutter. Wie sich dies auf die psychische Entwicklung der Kinder auswirken würde, war damals gar kein Thema.

Noch zu Beginn des 20. Jahrhunderts zogen die „Schwabenkinder", natürlich zu Fuß, über den Winter hinweg aus Vorarlberg ins Schwabenland, um bei fremden Bauern wenigstens mit Arbeit über den Winter zu kommen. Den fremden Herren waren sie auf Gedeih und Verderb ausgeliefert. Dabei ging es nicht immer sehr einfühlsam zu. Aber zu Hause hätte es schlicht fürs Überleben nicht gereicht. Wer die teilweise tragischen Berichte der letzten Überlebenden vernimmt, versteht, wie hart das Leben, vor allem auch für Kinder, war. Einige von ihnen wurden dadurch lebenslang geprägt, aber nicht alle.

Wie sahen damals die Beziehungen zwischen Kindern und ihren Eltern aus? Wenn Eltern ihre Kinder als Babys außer Haus gaben, so sind sie zu ihnen wohl kaum eine nur annähernd so emotionale Beziehung eingegangen, wie sie uns heute als natürlichste Sache der Welt erscheint. Konsequenterweise besaß Erziehung für diese Eltern nur einen geringen Stellenwert.

Zeigen Eltern, im Vergleich zu diesen harten Zeiten, heute nicht ein ideales Erziehungsverhalten? Noch nie dachten sie über die Erziehung ihrer Kinder so viel nach wie heute. Noch nie maßen sie der Erziehung ihrer Kinder eine so hohe Bedeutung bei wie heute. Noch nie haben sie so viel Erziehungsliteratur gelesen wie heute. Noch nie haben sie so viel Zeit und Energie in die Erziehung ihrer Kinder investiert wie heute.

Wer nun deshalb meint, die Kritik am Erziehungsverhalten von Eltern habe sich inzwischen gelegt oder sei zumindest zurückgegangen, der irrt sich.

Aber gehen wir der Reihe nach vor.

Die moderne Mutter-Kind-Beziehung

Eine der folgenreichsten Entwicklungen für die Mutter-Kind-Beziehung ist die Geburtenverhütung. „Dass man Kinder nach Wunsch planen oder verweigern, dass man die Verwirklichung eines Kinderwunschs lange aufschieben kann, das hat unser Familienleben und vor allem die Mutterrolle grundlegend verändert" (S. 44), so Herrad Schenk, die in „Wieviel Mutter braucht der Mensch?" (1996) spannend und anschaulich die sich daraus ergebenden Veränderungen darlegt. So war der Anteil unerwünschter Kinder früher viel höher als heute. Kinder bekommen ist heute nicht mehr nur ein biologisches Ereignis, sondern mehr und mehr ein ganz besonderes emotionales Erlebnis. „Von einem Kind versprechen sich heute viele Frauen neue Erfahrungen, einen neuen und andersartigen Zugang zur Welt, eine vielleicht bisher nicht gekannte Qualität und Intensität der Gefühle." (S. 54) In Schwangerschaftstagebüchern halten sie die Erlebnisse während der Schwangerschaft fest. Wie speziell die Erwartungen an die Geburt sind, veranschaulicht eine Mutter, die von Herrad Schenk zitiert wird: „Das Kind kam so schnell, dass ich gar nicht richtig hinfühlen konnte. Ich habe direkt nach der Geburt gesagt, dass muss ich noch mal haben. Ich war so überrascht, ich fühlte mich richtig um das Geburtserlebnis betrogen." (S. 42)

Kinder sind Sinnerfüllung: „Ich möchte auf keinen Fall kinderlos alt werden. Ich hätte das Gefühl, etwas sehr Wesentliches im Leben zu verpassen", sagt eine Frau (S. 54). Das Gefühl, vom Kind „gebraucht zu werden", der wichtigste Mensch im Leben eines anderen Menschen zu sein, gibt dem eigenen Leben eine neue Qualität, einen neuen einzigartigen Sinn, der die Mutter mit dem „Hauch der Allmacht" (S. 84) umgibt. In der Öffentlichkeit herrscht denn auch die feste Überzeugung vor, die Mutter sei als zentrale Bezugsperson unersetzlich. Deshalb sollte sie aber auch in den ersten Lebensjahren stets für das Kind zur Verfügung stehen. Kinder, die nach Schulschluss nicht nach Hause können, weil keine Mutter da ist, die mit dem Mittagessen auf sie wartet, werden denn auch sehr bedauert – als müssten sie automatisch unter einer Mutter leiden, die keine Zeit für sie hat.

Weil Mütter ihre Kinder auf eigenen Wunsch bekommen, erwarten sie von sich selbst, gegenüber ihrem Kind Freude, Erfüllung, Liebe und Mutterglück zu empfinden. Da Mutterschaft und Erziehung nicht nur Freude und Erfüllung bringen, fragen sich viele irritiert, was sie falsch gemacht haben könnten, wenn statt diesen erwünschten Gefühlen Unruhe und Gereiztheit, Unzufriedenheit oder sogar Ärger und Wut auf das Kind aufkommen.

Die bevorzugte Stellung des Kindes im Leben der Mutter produziert neue Zuständigkeiten und Verantwortungsbereiche. Diese liegen, auch wenn sich Väter heute in der Erziehung klar mehr engagieren, als ihre eigenen Väter dies taten, überwiegend auf Seiten der Mutter. Die „mutterzentrierte Erziehung" (S. 84) von heute räumt Außenstehenden keine Miterziehungsmöglichkeit mehr ein. Auch das war noch vor kurzem anders. Als Schüler wurden meine Klassenkameraden und ich von manchen unserer Lehrer noch häufig geschlagen. Als ich mich anfangs bei meinen Eltern darüber beschwerte, war dieser Klage kein Erfolg beschieden. „Es wird schon recht gewesen sein", war in etwa der Kommentar, dem meine Eltern eine Art Verhör folgen ließen, um herauszufinden, ob sie etwa selbst noch entsprechend erzieherisch tätig werden müssten.

Früher haben alle Erwachsenen miterzogen: Verwandte, Nachbarn, Knechte, Mägde, der Pfarrer, die Lehrer. Je nachdem, wie ihnen gerade zu Mute war, erzogen sie an den Kindern herum. Da machen die Mütter von heute nicht mehr mit. „Ich habe es satt, mich ständig von selbst ernannten Experten belehren zu lassen", schimpft eine Mutter. Was war vorgefallen? Ihr Kind hatte im Supermarkt vor dem Süßigkeitenregal einen Wutanfall bekommen, was eine ältere Frau mit den Worten kommentierte: „Das Kind braucht mal was auf den Hintern, dann hört das Theater auf." Postwendend zog sie den Ärger der Mutter auf sich. Deshalb wenden sich die meisten Erwachsenen, wenn sie sich über das Betragen eines Kindes beschweren möchten, von vornherein nicht an das Kind selbst, sondern an dessen Mutter (Schenk, S. 94). Meist sagen sie aber gar nichts.

Die Schuld der Mütter

Ist es nicht wünschenswert, dass Kinder eine so wichtige Position im Leben ihrer Mütter einnehmen? Weit gefehlt. Denn, so führen Kritiker heute an, Mütter betrachten ihre Kinder als eine Form ihres Besitzes. Dies ist von einer emotionalen Aufheizung der Mutter-Kind-Beziehung begleitet, die zu einem „emotionalen Missbrauch" führt, „der langfristig seelisch verkrüppelnd wirkt." (Schenk, S. 166)

Natürlich enthält auch diese Kritik einen richtigen Anteil, denn Mütter können ihre Kinder tatsächlich emotional erdrücken. Damit dies aber zu einer lebenslangen psychischen Schädigung führt, braucht es schon Extremformen dieser Beziehung und auf Seiten des Kindes extreme Empfindsamkeit. Dass dies doch die glücklicherweise eher seltenen Fälle sind, ahnt auch Herrad Schenk: „Vielleicht sind Kinder sehr viel robuster, als man heutzutage denkt, sehr viel weniger zerbrechlich und beeinflussbar." (S. 196) Damit hat sie Recht. Der zweite Teil dieses Buches befasst sich exklusiv mit diesem Thema.

Obwohl Mütter noch nie so viel Zeit für ihre Kinder aufbrachten und Kinder noch nie emotional so bedeutsam für ihre Eltern waren – daran, dass die Mütter das Wichtigste falsch machen, hat sich nichts geändert. Sie erziehen falsch. Früher liebten sie ihre Kinder zu wenig, heute lieben sie ihre Kinder zu viel. Natürlich soll auch das wieder tragische Folgen haben. Als Erwachsene sollen diese Kinder nicht mehr richtig beziehungsfähig sein, da sie von allen späteren Beziehungen die gleiche exklusive Liebe und Zuwendung erwarten, die sie als Kind von ihrer Mutter erhielten.

Für Mütter scheint es weder Ausweg noch Pardon zu geben. Was sie auch tun, es scheint immer das Falsche zu sein. Sie kümmern sich zu viel, zu wenig, sind zu streng oder zu nachlässig, erziehen unbewusst falsch – die Liste der „Vergehen" von Müttern scheint kein Ende zu finden.

Wenn sich aus der Geschichte der Erziehung ein Fazit ziehen lässt, dann das Folgende: Mütter werden für ihre Erziehung kritisiert – heute mehr denn je. Daran wird sich auch in Zukunft nichts ändern.

Wir bräuchten aber stattdessen dringend einen positiven und realistischen Entwurf von Erziehung, der die Bemühungen von Müttern und Vätern würdigt und ihr emotionales, zeitliches und finanzielles Engagement angemessen berücksichtigt. Geschichten aus dem Gruselkabinett von Erziehung und Familie scheinen jedoch in der Öffentlichkeit diejenigen Schauer des Entsetzens hervorzurufen, die das Leben vitalisieren und interessant machen. Deshalb werden sie in allen unterschiedlichen Varianten immer wieder aufgewärmt oder neu erfunden. Dabei kann sich jeder Kritiker auf das hehre Motiv berufen, für die Kinder doch nur das Beste zu wollen. Unberechtigte und überzogene Kritik macht aber Angst, verunsichert Eltern nur unnötig und dient somit weder Mutter noch Kind.

Fazit

Wir erleben seit Freud eine Psychologisierung aller gesellschaftlichen Bereiche, die beispiellos in der Geschichte der
Menschheit ist. Nirgends hat sie aber so weitreichende Konsequenzen wie in der Familie und für die Erziehung. Denn die
Entwicklung der letzten 200 Jahre zeigt, dass Kinder für ihre
Eltern emotional immer wichtiger geworden sind. Da Eltern
für ihre Kinder das Beste wollen, sind sie für psychologische
Theorien über die Rolle der Erziehung besonders offen, man
könnte auch sagen, besonders anfällig. Diese Theorien be-
tonen einseitig Erziehungs- und Umwelteinflüsse und ver-
kennen anlagebedingte Einflüsse. Damit schreiben sie den
Eltern tendenziell die alleinige Verantwortung – jedenfalls
die weitaus größte – dafür zu, wie sich ihre Kinder entwickeln. Erziehungsprozesse verlaufen aber eigentümlicher-
weise nicht geradlinig, wie fast alle menschlichen Prozesse.
Deshalb können Eltern gerade die Entwicklung ihrer Kinder
nur bedingt steuern und kontrollieren. Brüche und Konflikte
gehören zu ihrer Natur. Wenn Kinder unangemessenes Verhalten zeigen, beziehen dies viele Eltern automatisch auf sich
und fühlen sich deswegen schuldig. Das erschwert es ihnen
unnötig, in schwierigen Erziehungssituationen, die eventuell
durch die besonderen Anlagen ihrer Kinder beeinflusst sind,
professionelle Hilfe in Anspruch zu nehmen.

Im nächsten Kapitel werden wir uns ausführlich mit Untersuchungen befassen, aus denen hervorgeht, dass alle wesentlichen Aspekte unseres Menschseins zu einem oft sogar
großen Teil anlagebedingt sind, was Erziehungs- und Umwelteinflüsse relativiert.

TEIL 2: DAS GEHEIMNIS UNSERER ANLAGEN

Wie die Gene unsere Intelligenz beeinflussen

Als Adam Konantovich drei Monate alt war, wurde er seinen Eltern langsam unheimlich. Er konnte nämlich bereits in grammatikalisch richtigen Sätzen sprechen. Mit einem Jahr fing er an, sich für Bücher zu interessieren und begann zu lesen. Mit fünf Jahren besuchte er ein Marionettentheater und wurde gefragt, was Wale essen. Er sagte: „Krill, das sind kleine Garnelen, aber sie sind nicht mikroskopisch klein."

Als der kleine Billy Delvin sieben Jahre alt war, begann er sich für Bücher über Physik und Elementarteilchen zu interessieren. In einem speziellen Test für mathematische Fähigkeiten erzielte er bessere Noten als viele Oberschüler.

Diese Beispiele stammen aus David H. Feldmans Buch „Nature's Gambit". Wir alle kennen solche Berichte, die zeigen, dass einige Kinder mit hervorragenden intellektuellen oder künstlerischen Fähigkeiten geboren werden. Diese gehen auf ihre Anlage zurück. Keine noch so ausgeklügelte Stimulation oder Förderung könnte die Kinder zu solchen Leistungen befähigen. Damit zeigen bereits diese Alltagsbeobachtungen, wie wichtig und einflussreich unsere Anlagen sind.

In diesem Kapitel befassen wir uns damit, welchen Einfluss die Anlage, aber auch die familiäre und schulische Umgebung auf die intellektuelle Entwicklung von Kindern haben.

Wir alle haben eine allgemeine Vorstellung davon, was Intelligenz ist. Die meisten von uns halten zum Beispiel die Kinder für besonders intelligent, die mathematische und abstrakte Denkaufgaben gut lösen können oder sehr gute Noten schreiben, ohne zu Hause noch viel lernen zu müssen. Diese Vorstellung ist gar nicht so falsch, und es ist für unsere Zwecke ausreichend, wenn wir wissen, dass Intelligenz das ist, was durch Intelligenztests gemessen wird. Viele Aufgaben in diesen Tests messen Fähigkeiten wie das logische Denken oder sprachliche und mathematische Begabungen.

Mit den Ergebnissen von Intelligenztests können wir nicht nur den Schulerfolg von Kindern relativ gut vorhersagen, sondern auch beruflichen Erfolg, der ebenfalls in der Regel eng mit Intelligenz zusammenhängt. Rowe erwähnt, dass man in den USA vermutlich keinen Arzt, Anwalt oder Wissenschaftler mit einem IQ-Wert unter 110 findet. Der Durchschnittswert der Bevölkerung liegt bei 100 und besagt, dass 50 Prozent ein besseres und 50 Prozent ein schlechteres Ergebnis aufweisen. Der Wert von 110 schließt 75 Prozent der weißen Amerikaner und 95 Prozent der farbigen Bevölkerung von diesen Berufen aus, weil sie einen niedrigeren Wert aufweisen. Darin zeigt sich die gesellschaftliche Brisanz der Intelligenzdiskussion. Da eine bestimmte gesellschaftliche Position eng mit der Intelligenz zusammenhängt, kommt ihr letztendlich eine gesellschaftliche Auslesefunktion zu. Das ist der Grund für die häufig sehr emotional geführte Diskussion über alles, was mit Intelligenz, Intelligenzmessung und Intelligenzförderung zusammenhängt.

Ist Intelligenz vererbt?

1935 legte A. Leahy eine größere Adoptionsstudie vor. Seine Ergebnisse bestätigten eine Studie von B. Burks aus dem Jahre 1928 mit dem Resultat, dass adoptierte Kinder bezüglich der Intelligenz ihren Herkunftseltern ähnlicher waren als ihren Adoptiveltern. Die Unterschiede waren statistisch gesehen ausreichend groß, so dass Leahy wissenschaftlich gesichert von einem genetischen Einfluss auf Intelligenz sprechen konnte.

Aber auch die Umwelt hat Auswirkungen auf die Intelligenz der Kinder. Kinder von weniger intelligenten Eltern, die bei intelligenten Adoptiveltern aufwachsen, profitieren in irgendeiner Form von dieser anderen Umgebung. Damit wiesen die Ergebnisse dieser Studie darauf hin, dass die Intelligenz auch von der Umwelt beeinflusst wird.

Ende der sechziger Jahre publizierte Arthur Jensen eine Arbeit zum Thema Genetik und Intelligenz bei weißen und farbigen Amerikanern. Dieses Buch löste gewaltige Empörung aus, weil es die These aufstellte, dass Unterschiede der Intelligenz genetischen und damit ethnischen Ursprungs sein könnten. Seine eigenen Untersuchungen und andere, die Jensen berücksichtigte, legten nahe, dass asiatische Einwanderer intelligenter sind als Weiße und Weiße wiederum intelligenter als Farbige. Diese Untersuchungen trafen auf ein politisches Klima, in dem das Bemühen um Chancengleichheit und Förderung unterprivilegierter gesellschaftlicher Schichten im Vordergrund stand. Deshalb wurden Jensens Forschungen als zutiefst diskriminierend betrachtet. Es kam zu einer einzigartigen Welle der Kritik gegenüber dem Autor, die so weit ging, dass er persönlich bedroht wurde. Da Jensen seine Argumentation auf verhaltensgenetische Studien stützte, wurde der gesamte Forschungszweig in den Strudel der Kritik gerissen. So kam es beinahe zu einem Forschungsstillstand. Schließlich besannen sich Geldgeber und Forscher eines Besseren. Verhaltensgenetiker nahmen nicht nur ihre Arbeit wieder auf, sondern legten eine Vielzahl größerer und methodisch bedeutend besser angelegter Studien vor. Deshalb gilt die Verhaltensgenetik heute als einer der profiliertesten Forschungszweige der US-amerikanischen akademischen Psychologie. Das neue Datenmaterial trug gleichzeitig zu einem dramatischen Wandel der Psychologie in den achtziger Jahren bei.

Vor allem Daten, die aus der Untersuchung getrennt aufgewachsener eineiiger Zwillinge stammten, versetzten die Fachwelt in Erstaunen. Zunächst waren es mehrere kleinere Studien, die nicht nur generell einen genetischen Einfluss auf Intelligenz belegten, sondern sogar von einem über alle Erwartungen hoch liegenden genetischen Einfluss berichteten. Untersuchungen von getrennt aufgewachsenen eineiigen Zwillingen sind äußerst aussagekräftig, weil hier der Anteil der Erblichkeit besonders gut abgeschätzt werden kann.

Zwei neue Studien aus den USA und Schweden gelangten unabhängig voneinander zu exakt gleichen Ergebnissen. Beide Studien untersuchten wiederum getrennt aufgewachsene eineiige Zwillinge. In die Minnesota Study of Twins Reared Apart (getrennt aufgewachsener Zwillinge) von T. J. Bouchard Jr. gingen 45 Zwillingspaare ein und in die Studie aus Schweden von N. Pederson 48 Paare. Wiederum zeigten beide Studien einen sehr großen Zusammenhang zwischen Intelligenz und Erblichkeit.

Jeder wird vermutlich zustimmen, dass es sich bei Intelligenz um ein sehr umfassendes Merkmal handelt. Es gibt mit Sicherheit nicht nur ein Gen für Intelligenz, vielmehr sind zahlreiche Gene für ihre Ausprägung verantwortlich. Deshalb wäre durchaus zu erwarten gewesen, dass nicht alle Studien einen erblichen Einfluss auf die Intelligenz aufzeigen. Dies war jedoch nicht der Fall. Alle vorgelegten Studien zeigten eine große Übereinstimmung. Ebenso interessant ist, dass keine seriöse Studie den Ergebnissen widerspricht.

Lässt sich unsere Intelligenz verbessern?

Die gerade vorgestellten Studien haben gezeigt, dass Kinder von Eltern mit niedriger Intelligenz davon profitieren, wenn sie von Eltern erzogen werden, deren Intelligenz höher ist als die der Herkunftseltern. Dieses Ergebnis schien für einen Umwelteinfluss zu sprechen, und es verbanden sich große Hoffnungen damit. Wenn unsere Umwelt unsere Intelligenzentwicklung positiv beeinflusst, müssen wir nur noch genauer herausfinden, welche Umweltfaktoren besonders förderlich sind. Diese müssen wir dann intelligenzmäßig schwächeren Kindern zur Verfügung stellen und können so die Intelligenzentwicklung dieser Kinder positiv fördern, was für ihr Leben von Bedeutung ist, da das Ausmaß unserer Intelligenz Einfluss auf unsere berufliche Stellung ausübt.

In den USA wurden immer wieder enorme Anstrengungen

unternommen, um benachteiligten Kindern durch die Bereitstellung einer geeigneten Umwelt zu helfen. Eines der wichtigsten und bekanntesten Projekte ist das Abecedarian Project (ABCD-Projekt), ein Förderprogramm, das sich an Kinder aus sozial und wirtschaftlich benachteiligten Familien wandte. Das bedeutendste Erfolgskriterium dieses Programms waren die Ergebnisse von Intelligenztests. Wenn eine anregende Umwelt günstig für unsere Intelligenzentwicklung sein sollte, so müssten diejenigen Kinder, die in den Genuss eines entsprechenden Förderprogramms kommen, bessere Intelligenzwerte zeigen als andere Kinder.

Die Wissenschaftler gingen davon aus, dass es günstig ist, die Kinder so früh wie möglich von dem Training profitieren zu lassen. Tatsächlich gab es bereits viele andere Förderprogramme, die sich aber erst dann an Kinder wandten, wenn diese beispielsweise in der Schule waren. Das ABCD-Projekt war aus zwei Gründen in seiner Art einzigartig: Erstens bezog es die Kinder kurz nach der Geburt ein, und zweitens erstreckte sich die Förderphase über den für Förderprogramme sehr langen Zeitraum von acht Jahren. Die meisten bis dahin durchgeführten Förderprogramme dauerten nämlich „nur" zwei Jahre. Wobei ein gutes Förderprogramm natürlich bereits nach zwei Jahren erste positive Ergebnisse liefern sollte. Dies war allerdings bisher, zur Enttäuschung der Wissenschaftler, nicht der Fall.

Die Mitarbeiter des ABCD-Projekt waren sich darin einig, an einem besonderen Modellprojekt zu arbeiten. Ihre Erwartungen waren hoch. Man wollte beweisen, dass man benachteiligten Kindern wirkungsvoll helfen kann, wenn nur die Politiker die entsprechenden Umweltbedingungen finanzieren würden. Vom Ausgang dieses Förderprogramms erwartete man sich, dass es bei positiven Resultaten, an denen eigentlich niemand zweifelte, zukünftige Förderprogramme revolutionieren würde. Inhaltlich entsprach das Programm, das die besten Experten entwarfen, den neuesten Erkenntnissen über die Entwicklung des Denkens von Kindern.

Ziel von ABCD war, herauszufinden, ob Kinder mit mentaler Retardierung, das heißt sehr geringer Intelligenz (IQ unter 70), von einem hoch qualifizierten Programm, das die Kinder frühestmöglich einbezog, profitieren könnten.

Die Auswertung erstreckte sich über verschiedene Altersgruppen. Als die Kinder 12, 18 und 54 Monate alt waren, zeigte sich ein Anstieg von 10 bis 18 IQ-Punkten. Dies war ein deutlicher Anstieg, der zunächst zu Hoffnungen Anlass gab. Ein Kind mit einem IQ von 85 gegenüber 70 hätte sich enorm verbessert. Während mit einem IQ von 70 ein normaler Schulabschluss nicht möglich ist, sind bei einem IQ von 85 klare Chancen vorhanden, dass das Kind mindestens einen Sonderschulabschluss erreichen kann.

Erste herbe Enttäuschungen stellten sich bei den Wissenschaftlern allerdings ein, als die Kinder im Alter von 5 Jahren wieder untersucht wurden, denn der IQ-Anstieg betrug nur noch 8 Punkte. Dieser Rückgang zeigte sich also bereits zu einem Zeitpunkt, als die Kinder noch mitten im Förderprogramm waren. Im Gegensatz zu diesem Ergebnis hatten die Wissenschaftler natürlich gehofft, einen weiteren Anstieg in den Intelligenzwerten zu finden, weil die Kinder ja zu diesem Zeitpunkt bereits sehr lange gefördert wurden. Das war aber nicht der Fall. Die zusätzlichen Umweltanregungen, die die Kinder erfuhren, konnten nicht einmal einen Intelligenzrückgang verhindern!

Die Enttäuschung der Wissenschaftler sollte aber noch zunehmen. Denn als die Kinder 15 Jahre alt waren und noch einmal untersucht wurden, betrug ihr Vorsprung nur noch 4 bis 5 Punkte. Innerhalb weniger Jahre nach der Beendigung eines der breitestangelegten Förderprogramme in unserer Geschichte wiesen die aufwändigen und engagierten Bemühungen der Beteiligten nur noch ein minimales Erfolgsergebnis aus. Wir können uns vorstellen, wie enttäuscht die Fachleute waren.

Noch schlechter sieht allerdings das Ergebnis des IHDP-Programms (Infant Health and Developement Program, auf

Deutsch etwa: Programm für kindliche Gesundheit und Entwicklung) aus. Dieses Programm ist deshalb besonders interessant, weil es sich ebenfalls zum frühestmöglichen Zeitpunkt an die betroffenen Kinder wandte, das heißt zu einem Zeitpunkt, an dem nach Meinung der Experten der Nutzen von Förderprogrammen am größten sein müsste. IHDP richtete sich an Kinder, die als Frühgeburten mit deutlichem Untergewicht das Licht der Welt erblickten, und erstreckte sich vom 12. bis zum 36. Lebensmonat. Es bezog fast 1000 Kinder ein. Es war ebenfalls sehr aufwändig angelegt, wie aus den Kosten von circa 9000 US-Dollar pro Kind pro Jahr ersichtlich wird, worin die Kosten für die Forschung nicht einberechnet sind. Auch die Tatsache, dass 1000 Kinder an dem Programm teilnahmen, unterstreicht die Ernsthaftigkeit der Bemühungen aller Beteiligten.

Aber auch die Auswertung der Ergebnisse von IHDP war mehr als ernüchternd. Am Ende des Programms hatten die teilnehmenden Kinder wenigstens noch deutlich bessere Intelligenzwerte als die unbehandelten Kinder einer Kontrollgruppe. Aber als die Kinder fünf Jahre nach Beendigung des Programms noch einmal untersucht wurden, war dieser Vorsprung praktisch auf null zusammengeschmolzen.

Im Laufe der Jahre wurden natürlich nicht nur zwei Förderprogramme durchgeführt, sondern mehrere Dutzend. Ein Fazit über deren Erfolg zieht Dale Farran (2000) von der Universität Vanderbildt in den USA, eine Expertin auf dem Gebiet der Intelligenzentwicklung von Kindern: „Wenn man die Studien bezüglich der Intervention bei Kindern aus unterprivilegierten Schichten anschaut, kann einen der Mut verlassen. Eine Menge Geld wurde in Programme gesteckt, deren Wirkung gleich null war ...“

So sehr uns das Argument der Bedeutung frühkindlicher Anregung einleuchten mag, angesichts einer Unzahl an Studien bleibt völlig unklar, welche Förderung wie und vor allem wie lange wirkt. Weiter unten im Kapitel Intelligenz werden wir noch einmal die Effekte verschiedener Förderprogramme ansehen und uns vor allem mit ihren langfristigen Auswirkungen, also denjenigen, die bis ins Erwachsenenalter hineinreichen, befassen. Denn hierzu liegen wichtige verhaltensgenetische Studien vor.

Die bisher dargestellten Befunde mögen für manche von Ihnen enttäuschend sein, da die vermeintlich einzigartige Bedeutung frühkindlicher Erfahrungen auf unser gesamtes späteres Leben für uns außer Frage steht. Natürlich sind dann wissenschaftliche Ergebnisse, die an unseren festen Überzeugungen rütteln, nicht immer einfach nachzuvollziehen.

So ging es auch den Eltern von Mathias. Als ich ihnen mitteilte, dass ihr Sohn im logisch-abstrakten Denken hinter seinen Klassenkameraden zurück war und es ihm deshalb schwerer fiel, komplexere Zusammenhänge zu begreifen, waren sie zunächst sehr enttäuscht. Nicht zu Unrecht machten sie sich Sorgen wegen seiner weiteren schulischen Laufbahn. Mit der Zeit wurde ihnen klar, dass für Mathias auch bestimmte Berufsausbildungen zu hohe Anforderungen stellen würden. Wie sie mir später berichteten, war es vor allem für seinen Vater schwer, von der Vorstellung Abschied zu nehmen, dass sein Sohn kein Universitätsstudium absolvieren könnte. Es dauerte einige Zeit, bis er sich von seinem Wunschbild lösen konnte. Erst dann gelang es ihm besser, die positiven Seiten von Mathias zu sehen: Er war ein ausgeglichener und zufriedener Junge, den seine Spielkameraden gern zu sich nach Hause einluden. Bei Streit oder Spannungen zwischen den Kindern konnte er ausgleichen und vermitteln, und er war sehr umgänglich. Diese wertvollen Eigenschaften hatten in der Wahrnehmung des Vaters lange Zeit keine Rolle gespielt.

Wie verhält sich der genetische Einfluss im Alter?

Auf die Frage: „Glaubst du, dass im Laufe deines Lebens der Einfluss der Gene eher zu- oder eher abnimmt?" antworten viele, dass der Einfluss der Gene eher abnimmt. Die Begründung scheint plausibel: Ereignisse, die unser Leben stark beeinflussen, wie Heirat, Entlassung bei der Arbeit, Krankheit oder Unfall, die Geburt eines Kindes oder eine Scheidung, häufen sich, je älter wir werden. Dadurch könnten äußere Ereignisse einen immer massiveren Einfluss auf uns haben und gleichzeitig die genetischen Vorgaben zurückdrängen. Viele Menschen glauben deshalb, dass sich der genetische Einfluss ab unserer Geburt nicht mehr weiter verstärkt.

Manchmal stellen sich einfache Fragen im Nachhinein als genial heraus, weil sie zu unerwarteten Resultaten führen. Wir haben gesehen, dass neben den genetischen Voraussetzungen auch die Umwelt unsere Intelligenz beeinflusst. Alle Studien, die diesen Umwelteinfluss feststellten, untersuchten aber nur Kinder unter zehn Jahren. Einige Wissenschaftler wollten deshalb wissen, was aus den Kindern geworden ist, als sie älter wurden.

Die beeindruckendste Studie ist eine auf zehn Jahre angelegte Längsschnittstudie, in die mehr als 200 Adoptivgeschwisterpaare einbezogen wurden. Als die Kinder acht Jahre alt waren, profitierte ihre Intelligenz von der günstigeren Umgebung bei den Adoptiveltern, und zwar in einem durchaus ansehnlichen Ausmaß. Zehn Jahre später wurden die gleichen Kinder wieder untersucht. Die Wissenschaftler waren verblüfft: Der günstige Einfluss der Adoptiveltern auf die Intelligenzentwicklung der adoptierten Kinder war auf null zusammengeschmolzen. (Loehlin u.a. 1989) Das heißt, die positiven Umweltbedingungen bei den Adoptiveltern zeigten keinerlei Wirkung mehr, als die Kinder älter wurden. Andere Studien bestätigten diese Resultate. Zusammenfassend können wir deshalb sagen: Kinder von Eltern mit einem niedrigen Intelligenzwert profitieren in ihrer Intelligenzentwicklung, wenn sie bei Adoptiveltern mit höherer Intelligenz als ihre Herkunftseltern aufwachsen. Dieser Effekt zeigt sich aber nur, solange die Kinder klein sind, im besten Fall bis in die frühe Jugend. Dann geht dieser positive Einfluss auf null zurück.

Dieses verhaltensgenetische Ergebnis bestätigt eindrücklich die Befunde, die wir aus den Studien über Vorschulprogramme zur Intelligenzförderung oben kennen gelernt haben. Dort haben wir uns noch darüber gewundert, dass die Intelligenz der Kinder einige Zeit nach dem Ende des Programms auf rätselhafte Weise zurückging. Jetzt finden wir die gleichen Ergebnisse wieder. Dabei sollten wir zusätzlich in Rechnung stellen, dass der Rückgang in den Adoptionsstudien schwerer wiegt als der Rückgang nach den Förderprogrammen. Denn eine Adoptivfamilie bietet eine viel kontinuierlichere Förderung, als dies ein Förderprogramm je leisten könnte. Adoption dauert die gesamte Kindheit. Die beschriebenen Förderprogramme erstreckten sich im besten Fall nur über mehrere Jahre.

Als Schlussfolgerung aus einer Vielzahl unterschiedlicher Studien können wir festhalten, dass Intelligenz in hohem Maße genetisch beeinflusst ist. Über die Lebensspanne hinweg nimmt der Umwelteinfluss bezüglich Intelligenz ab, während die Bedeutung der Erbanlagen ansteigt.

Diese Resultate mögen für manche von Ihnen unerwartet sein und Ihre bisherigen Vorstellungen über die Fördermöglichkeiten von Intelligenz in Frage stellen. Für diejenigen, die bisher an den unbegrenzten Einfluss der Umwelt glaubten, mögen sie sogar ernüchternd sein. Wir haben uns aber, und darauf möchte ich noch einmal hinweisen, mit besonders sorgfältig angelegten Studien befasst. Darüber hinaus sind alle dargestellten Ergebnisse durch mehrere Untersuchungen untermauert.

An dieser Stelle möchte ich noch auf einen anderen Aspekt hinweisen. Ein Erwachsener mit hoher Intelligenz wird sich möglicherweise von Büchern mehr angezogen fühlen als vom Fernsehprogramm. Als Erwachsener kann er nun seiner Neigung eher nachgehen, als dies in seiner Kindheit möglich war. Dies zeigt, dass wir unsere Umwelt aktiv aufsuchen. Und hier kommen, und das ist sehr wichtig, wiederum unsere genetischen Anlagen ins Spiel. Denn sie beeinflussen letzten Endes auch, von welcher Art Umwelt wir uns besonders angezogen fühlen, die wir dann auch aktiv aufsuchen. Damit haben wir einen zentralen Aspekt der Anlage-Umwelt-Verschränkung kennen gelernt.

Mit diesem Wissen können wir uns jetzt noch einmal die Beispiele der besonderen Begabung bei Kindern ansehen. So weist besondere künstlerische Begabung einen hohen genetischen Anteil auf. Ihre Anlagen bringen Menschen dazu, sich einer bestimmten Beschäftigung eher zuzuwenden als einer anderen. Ein musikalisch begabter Mensch wird sich eben eher mit Musik als mit Schachspiel befassen. Unsere Gene spielen eine wichtige Rolle dabei, für welche Umwelt wir uns entscheiden.

Dieses Beispiel betont aber gleichzeitig auch den Umweltaspekt. Denn ohne eine entsprechende Umwelt kann sich ein solches Talent nicht entwickeln. Eine hohe Begabung für Schach war vor einigen tausend Jahren noch nicht von Bedeutung, weil das Spiel überhaupt noch nicht existierte. Jede Form der Anlage braucht entsprechende Umweltbedingungen, um sich entfalten zu können. Rowe (1997) legt deshalb Wert auf die Feststellung, „dass die Begegnung mit intellektueller Stimulation für die Intelligenzentwicklung unabdingbar ist" (S. 143).

Diese Aussage bedarf noch einer kurzen Erläuterung. Wir haben gesehen, dass eine durch Förderprogramme angereicherte Umwelt keine bleibenden positiven Auswirkungen auf die Intelligenz zeigt. Dies könnte damit zusammenhängen, dass wir in einer Umwelt aufwachsen, die uns bereits ausreichend Anregung bietet. Eine solche Art Umwelt ist allerdings Voraussetzung für eine normale Intelligenzentwicklung.

Bisher haben wir uns mit Untersuchungen befasst, die sich auf die allgemeine Intelligenz beziehen. Im Folgenden werden wir die wichtigsten verhaltensgenetischen Studien zu einigen spezifischen kognitiven Fähigkeit kennen lernen.

Einige ausgewählte kognitive Fähigkeiten

Isolierte Hochbegabung

Leslie Lemke litt an zerebraler Lähmung und war geistig behindert. Da seine Augen nach der Geburt operativ entfernt wurden, war er blind. Er konnte sich nicht selbst versorgen und benötigte ständige Betreuung durch seine Mutter. Ein normaler Schulbesuch war ihm nicht möglich. Als er etwa 18 Jahre alt war, begann seine Mutter, Musik in seinen Tagesablauf aufzunehmen. Eines Tages geschah etwas Unglaubliches: Obwohl Leslie noch nie Musikunterricht hatte, setzte er sich ans Klavier seiner Mutter und spielte sicher das Klavierkonzert Nr. 1 von Tschaikowski. Was für seine Mutter wie ein Wunder schien, ist ein hin und wieder auftretendes Phänomen, nämlich das einer isoliert auftretenden spezifischen Hochbegabung. Bald feierte Leslie mit seinen Konzerten in der ganzen Welt Erfolge.

Obwohl manche Wissenschaftler musikalische Hochbegabung nicht unbedingt unter Intelligenz einordnen würden, verdeutlicht Leslies isolierte Fähigkeit doch besonders anschaulich den hohen Anteil genetischer Anlage. Wenn wir dieses Beispiel näher anschauen, stellt sich natürlich sofort die Frage, warum ein hoher Anteil an genetischer Anlage nur für musikalische Begabung eine Rolle spielen soll. Indirekt können wir daraus ableiten, dass für eine Vielzahl an künstlerischen, aber auch kognitiven Leistungen ein genetischer Anteil von Bedeutung sein muss.

Schulerfolg

Die Frage, ob ihre Kinder in der Schule Erfolg haben, beschäftigt alle Eltern. Tests zur Erfassung des Schulerfolgs sind zwar anders angelegt als diejenigen zur Erfassung der allgemeinen Intelligenz: Sie konzentrieren sich zum Beispiel auf Leistungen in Grammatik, Mathematik, Geschichte oder Geometrie. Auf den ersten Blick scheinen diese Aufgaben also wenig mit den Anforderungen, wie sie in Tests zur allgemeinen Intelligenz gestellt werden, gemeinsam zu haben. Die Testergebnisse, die Kinder in Schulerfolgstests erzielen, überschneiden sich aber weitgehend mit denen, die sie in allgemeinen Intelligenztests erreichen. Anders gesagt: Die Mehrzahl der Kinder, die in Schulleistungstests gut abschneiden, schneidet auch in Intelligenztests gut ab. Der genetische Anteil, der, wie verschiedene Untersuchungen belegen, das Ergebnis im Schulleistungstest beeinflusst, beeinflusst auch das Ergebnis im Test zur Erfassung der allgemeinen Intelligenz. Auch hier finden wir wieder das uns jetzt schon bekannte Phänomen, dass der Einfluss der Erblichkeit mit zunehmendem Alter ansteigt.

Jan übt so viel und macht trotzdem Rechtschreibfehler

Lese-Rechtschreibschwäche betrifft etwa 5 bis 10 Prozent der Schulkinder. Bei der Leseschwäche lesen die Kinder entweder sehr langsam oder sehr fehlerhaft. Bei der Rechtschreibschwäche unterlaufen ihnen eine große Zahl von Rechtschreibfehlern. In beiden Fällen bedeutet dies nicht, dass diese Kinder nicht intelligent sind. Auch intelligente und sogar sehr intelligente Kinder können von dieser Störung betroffen sein, die sich häufig sehr zäh und trotz intensiven Übens hält.

Natürlich versuchen Genetiker, den Erbanteil, der für eine Störung verantwortlich ist, zu identifizieren. Dies sind dann aber keine verhaltensgenetischen Studien, sondern solche, die in die Molekulargenetik hineinreichen. Es ist beim Menschen sehr schwierig, einzelne Gene oder Genkombinationen herauszufinden, die eine bestimmte Störung verursachen, weil unser Verhalten sehr komplex ist und sich aus verschiedenen Teilfertigkeiten zusammensetzt. Auch Lesen oder

Schreiben stellen sehr komplexe Fertigkeiten dar. Deshalb gehen Genetiker davon aus, dass nicht ein einziges Gen für Lese-Rechtschreib-Schwierigkeiten verantwortlich sein kann. Stattdessen suchen sie deshalb nach einer Genkombination, die für diese Schwäche in Frage kommt. Natürlich ist eine solche Suche extrem kompliziert, da wir über etwa 40000 Gene verfügen, wie wir aus den neuesten Ergebnissen des Human Genom Project wissen, das eine Art Genkarte des Menschen erstellte. Es kam daher einer Sensation gleich, als 1994 von Cardon und seinen Kollegen eine Genkombination für Lese-Rechtschreib-Schwierigkeiten gefunden wurde, die sich auf Chromosom 6 befindet. Inzwischen zeigten weitere Studien, dass sich auch auf den Chromosomen 1, 2, 3, 15 und 18 Genorte befinden, die an Legasthenie beteiligt sind (Schulte-Körne 2002). Diese Ergebnisse stehen damit in Einklang, dass es sich bei Lese-Rechtschreib-Schwierigkeiten um sehr komplexe Schwächen handelt. Wissenschaftlern ist also der eindeutige Nachweis eines genetischen Einflusses auf Lese-Rechtschreibschwäche gelungen.

Umweltfaktoren bleiben trotzdem aktuell. So hilft ein Förderunterricht dem Kind, trotz seiner Schwierigkeiten Fortschritte zu erzielen: Als Jan zu mir kam, war er von den vielen Misserfolgen, die er trotz intensiven Lernens immer wieder erlitt, mutlos und enttäuscht. Auch seine Mutter war verzweifelt. Wörter, die er am einen Tag richtig geschrieben hatte, schrieb er schon zwei Tage später wieder falsch.

Obwohl es keine schnelle Methode gibt, um das Problem zu beseitigen, können alle Beteiligten etwas tun, damit es Jan wieder besser geht. Für seine Eltern ist zunächst die Einsicht wichtig, dass ihr Kind die vielen Fehler nicht absichtlich macht, auch wenn es manchmal fast den Anschein hat. Jedes Kind will in der Schule gute Noten haben, damit Eltern und Lehrer zufrieden und stolz auf es sein können. Darum leidet Jan selbst darunter, wenn es mit der Rechtschreibung einfach nicht klappen will, und deshalb braucht er viel Verständnis und Ermutigung von seinen Eltern, etwa nach dem Motto: „Du bist in einer schwierigen Situation, aber wir geben dennoch nicht auf – wir lernen einfach weiter, auch bei schlechten Noten!" Aber man darf hier nicht übertreiben: Zehn Minuten mit einer Wortschatzkartei genügen, und dies jeden Tag, weil sich Jan die Wörter dann besser einprägen kann, als wenn er an einem Tag über eine Stunde lernt und den Rest der Woche nichts. Weitere Hinweise finden Sie bei Petra Küspert (2001) und Lisa Dummer-Smoch (1988). Wenn Ihrem Kind das Lesen schwer fällt, können Sie ihm mit den Unterlagen von Gero Tacke (2001) weiterhelfen.

Stottern

Unter Stottern versteht man eine Unterbrechung des Sprechflusses durch verlängerte oder wiederholte Silben, Wörter oder Laute. Viele Betroffene leiden unter dieser Störung, und nicht wenige vermeiden deshalb den Kontakt mit anderen Menschen.

Plomin (1999, S. 113) berichtet von Familienstudien, die zeigen konnten, dass etwa ein Drittel der Stotterer weitere Stotterer in ihrer Familie hat. Die größte Studie, die Yale-Familienstudie zum Stottern, die über 2000 Verwandte ersten Grades umfasste, zeigte, dass etwa 15 Prozent der Verwandten ersten Grades ebenfalls Probleme mit Stottern hatten. Dies entspricht gegenüber der Normalbevölkerung dem fünffachen Anteil (Kidd 1983). Auch zwei Zwillingsstudien fanden Belege für substanzielle genetische Einflüsse.

In diesem Kapitel haben wir gesehen, dass Intelligenz und damit zusammenhängende Aspekte einen genetischen Anteil aufweisen, der beträchtlich, ja sogar recht hoch ist. Er nimmt in der Regel mit den Jahren zu. Umwelteinflüsse bleiben dennoch für jeden einzelnen der hier behandelten Aspekte von Bedeutung. Denn keine unserer Anlagen kann sich ohne entsprechende Umwelt entwickeln.

Der „Fingerabdruck" der Persönlichkeit

Warum Kinder so verschieden sind

Drei vierjährige Mädchen gehen in ein Spielzimmer. Von Beginn an übernimmt Rhonda die Führungsrolle. Sie sieht Filzstifte auf dem Boden liegen, läuft auf sie zu, macht die Schachtel auf und beginnt zu malen. Die anderen zwei setzen sich dazu und machen es ihr nach. Kurz darauf geht die Tür auf. Valerie kommt mit ihrer Mutter herein. Sie wirkt ängstlich, und ihre Mutter muss sie fast hereinschieben. Valerie hält sich an der Wand auf, und als ihre Mutter das Zimmer verlässt, fängt sie an zu weinen. Rhonda fragt: „Hast du Angst? Wir haben keine Angst." Rhonda hält Valerie eine Handvoll Stifte entgegen und versucht, sie zum Mitmachen zu bewegen. Doch Valerie geht zur Tür und versucht die Tür aufzumachen, die aber verschlossen ist. Wieder weint sie.

Die Versuchsleiterin kommt ins Zimmer, und die Mädchen dürfen eine Geschichte erzählen. Ohne zu zögern beginnt Rhonda. Sie erzählt ausführlich und gern und ist aufgestanden, um sich besser ausdrücken zu können. Sie muss schließlich von der Versuchsleiterin dazu angehalten werden, ihre Geschichte zu beenden, da die anderen auch noch drankommen sollen. Nachdem die anderen beiden Mädchen ihre Geschichte erzählt haben, ist Valerie dran. Sie ist aber nicht dazu zu bewegen, eine Geschichte zu erzählen. Mit gekreuzten Beinen und nach vorn gesenktem Oberkörper sitzt sie da und starrt auf den Boden. Sie hält eine weiße Decke fest umklammert, die sie an ihrem Gesicht reibt. Die Versuchsleiterin sagt freundlich zu ihr: „Na komm schon, erzähl uns doch etwas von deiner Geburtstagsfeier." Valerie verbirgt ihren Kopf in ihrem Schoß, stößt einen großen herzerweichenden Schluchzer

aus und beginnt dann hemmungslos zu weinen. Die Versuchsleiterin gibt ihren Kollegen über die Kamera zu verstehen, dass
das Experiment jetzt erst einmal beendet werden muss.

Die Mädchen gehören zu einer Studie zur Untersuchung
von emotionaler Sensibilität und Hemmung, die Dean Hamer
(1998) ausführlich darstellt. Rhonda und Valerie nehmen dort
zwei entgegengesetzte Pole ein. Während Rhonda selbstsicher
und keck auftritt, vertritt Valerie den Gegenpol, sie ist schüchtern, gehemmt und ängstlich. Die beiden anderen Mädchen
befinden sich in der Mitte dieser Skala.

Spannend ist, dass die Wissenschaftler die beiden Mädchen
bereits im Alter von vier Monaten gefilmt haben. Valerie sitzt
in einem Kindersitz in einer Art Auto. Sie erhält Spielange-
bote, von denen die Forscher annehmen, dass sie sie anspre-
chen. Als sie von einem Tonband sinnlose Silben wie „bobo"
hört, scheint sie kurz entzückt zu sein. Schnell ändert sich
aber ihre Miene. Sie macht ein ängstliches und unglückliches
Gesicht und fängt zu weinen an. Kurz danach erscheinen in
ihrer Nähe bunte Spielzeugautos. Wieder zieht sie sich zurück
und weint. Als ihre Mutter gegen Ende des Experiments
kommt, wird sie ungeduldig und unruhig, bis sie zu ihrer
Mutter auf den Arm darf.

Anders Rhonda. Die sinnlosen Silben bereiten ihr Vergnü-
gen. Die bunten Autos lassen sie gurren. Sie will näher an sie
herankommen, um sie zu untersuchen. Als ihre Mutter erscheint, hellt sich ihr Gesicht auf und sie freut sich.

Die Wissenschaftler um Nathan Fox am Institut for Child
Study der Universität von Maryland, die diese Untersu-
chungsreihe leiteten, wollten sich aber nicht nur mit Beobachtungen begnügen. Deshalb überprüften sie, ob die Kinder
auch körperlich unterschiedlich reagierten. Durch die Mes-
sung von Gehirnströmen, des Blutdrucks, der Pupillenreak-
tion und der Konzentration des Stresshormons Kortisol im
Speichel lässt sich sehr gut feststellen, ob eine Person körperlich mit Stress reagiert. Die Mädchen, die zum Zeitpunkt der

Messungen neun Monate alt waren, reagierten bereits unterschiedlich, als ihnen am Kopf die Elektroden für die Aufzeichnung der Gehirnströme angebracht wurden. Valerie wurde unruhig, Rhonda schien es eher zu gefallen. Die Messergebnisse bestätigten auf breiter Front die Verhaltensbeobachtungen. In allen untersuchten Werten zeigt Valerie höhere „Stresswerte". Ihr EEG war entsprechend verändert, der Kortisolwert im Speichel, einer der besten Stressanzeiger überhaupt, war erhöht, ihre Pupillen waren, wie unter Stress üblich, erweitert, und ihr Blutdruck war erhöht.

Aber könnte es nicht doch sein, dass das Verhalten der Kinder und die körperlichen Begleiterscheinungen bereits in diesem jungen Alter ein Produkt ihrer Erziehung sind? Dies ist zwar wenig wahrscheinlich, aber dennoch nicht ganz auszuschließen. Was würden Sie aber sagen, wenn wir bereits bei Neugeborenen unterschiedliche Reaktionen auf Stress finden? Nathan Fox ging auch dieser Frage nach. Dazu setzte er 80 Neugeborene am ersten oder zweiten Tag nach ihrer Geburt leichtem Stress aus. Im Schlaf wurde ihnen ihr Schnuller weggenommen. Noch nicht alle Kinder reagierten darauf. Möglicherweise hatten sie das genussvolle Saugen am Schnuller noch nicht entdeckt. Mehr als die Hälfte der Kinder reagierte aber ganz offensichtlich mit Weinen und Jammern. Auch hier zeigten sich deutliche Unterschiede in der Frustrationstoleranz der Kinder. Manche ertrugen das Wegnehmen des Schnullers deutlich besser als andere. Aber noch wichtiger ist, dass die bereits bei den Säuglingen gefundenen Unterschiede Vorhersagen darüber erlaubten, wie stressanfällig sie in höherem Alter sein werden.

Mehr als drei Viertel der Kinder, die im Alter von zwei Jahren als gehemmt beurteilt wurden, zeigten diese Eigenschaft auch im Alter von siebeneinhalb Jahren. Und auch mit zwölf und vierzehn Jahren zeigte sich dasselbe Bild, nur in abgewandelter Form. Die Kinder wurden von einem Kinderpsychiater untersucht, der mit ihnen ein Gespräch führte. Deutlich unterschieden sich die Jugendlichen. Die gehemmten Kinder redeten nur, wenn sie angesprochen wurden, die ungehemmten ergriffen auch schon einmal selbst das Wort. Die Gehemmten zeigten eine düstere Miene und reagierten unwillig, die ungehemmten lächelten eher oder sie lachten. Diese und andere Studien sprechen klar für eine deutliche genetische Verankerung für gehemmtes Verhalten.

Gehen wir noch einmal zu Valerie und Rhonda zurück, die wir zu Beginn dieses Kapitels kennen lernen durften. Mit dem Wissen, dass ihr Verhalten einen genetischen Anteil aufweist, erscheint die Eltern-Kind-Beziehung in einem ganz neuen Licht: Das schüchtern-gehemmte Verhalten Valeries muss überhaupt nicht das Produkt einer angsteinflößenden Erziehung sein. Im Gegenteil: Vermutlich bestimmt ihre von Geburt an vorhandene Eigenschaft in wesentlichem Ausmaß, wie sich ihre nächsten Bezugspersonen ihr gegenüber verhalten. Auf ihre Schüchternheit reagiert ihre Mutter manchmal nachsichtig und fürsorglich, manchmal ungeduldig und unbeherrscht. Wenn Valerie die Ungeduld und Unzufriedenheit ihrer Mutter spürt, kann es sein, dass sie sich lange damit beschäftigt und darunter leidet. Anders Rhonda und ihre Eltern: Mit ihren angeborenen Eigenschaften wird Rhonda ihre Mutter zu einem völlig anderen Verhalten ihr gegenüber bewegen als Valerie. Ihre Mutter wird sie in ihrem Temperament eher hin und wieder bremsen müssen als zusätzlich verstärken und fördern, was an ihrem Temperament aber grundsätzlich kaum etwas ändern wird. Denn spätestens dann, wenn sie erwachsen sein wird, wird sie wieder entsprechend temperamentvoll sein.

Wir sehen an diesen Beispielen eindrücklich, wie sehr Kinder mit ihren angeborenen Eigenschaften ihre Umwelten beeinflussen. Rhonda wird mit ihren Freundinnen leicht und schnell positive Beziehungen herstellen, wodurch sie Anerkennung und Ermutigung erfährt, was die Entwicklung ihrer Persönlichkeit fördert. Die schüchterne Valerie wird nur wenig Verstärkung aus dem Kontakt mit ihren Freundinnen erhalten – vielleicht sogar das Gegenteil: Während ihre Freundinnen für Rhonda eine Kraftquelle sind, könnte die soziale Umwelt für Valerie eine häufige Quelle der Angst und Bedrohung darstellen und ihr schüchtern-gehemmtes Verhalten zusätzlich verstärken.

Viele Kinder wie Valerie haben feine Antennen für die Empfindungen der ihnen nahe stehenden Menschen. So war es auch bei der fünfjährigen Sanja. Eines Morgens klagte ihr Vater beim Frühstück: „Oh weh, heut ist ja der Termin beim Zahnarzt", und machte dabei ein sehr leidendes Gesicht. Und genau ab diesem Zeitpunkt wollte Sanja auch nicht mehr zum Zahnarzt, obwohl sie die bisherigen Routinebesuche recht gut absolviert hatte.

Sanja ist ein hochsensibles Kind, das die Angst seiner Eltern schnell erspürt und wie ein Schwamm in sich aufsaugt. Die Angst ihres Vaters ist – ohne vorhergehende eigene negative Erfahrung, vielmehr allein dadurch, dass sie ihrem Vater gut zugehört und seine Reaktion genau beobachtet hatte – zu ihrer eigenen geworden.

Was können ihre Eltern tun? Im Gespräch mit ihnen zeigte sich, dass auch ihr Vater oft sehr besorgt und eher ängstlich unsicher war. In den Gesprächen mit der Familie und mit Sanja standen folgende Themen im Vordergrund: Wie gehen wir mit Herausforderungen um, in welchen Situationen zeigen alle in der Familie bereits Mut und was kann jeder tun, um sich selbst besser zu beruhigen und sich Mut zu machen? Dabei entdeckte die Familie ganz individuelle Möglichkeiten, mit Angst und Schüchternheit umzugehen. Sanja konnte sich am besten beruhigen, wenn sie ihre Lieblingskassette hörte. Etwas später entdeckte sie für sich die Möglichkeit, mit ihrem Hund Max zu sprechen. Max war ein Schmusehund, dem sie alles erzählen konnte und der sich geduldig alles anhörte.

Sanjas ängstlich-schüchterne Art war am Ende der Beratung immer noch vorhanden. Aber sie war nicht mehr so stark ausgeprägt. Mit Hilfe ihrer Eltern entdeckte sie weitere Möglichkeiten mutiger zu werden und sich bei aufkommender Unruhe selbst besser zu beruhigen. Auch ihr Vater wurde aktiv. Er besuchte einen Yoga-Kurs, der ihm zu mehr innerer Ruhe und Stabilität verhalf.

Ein gewisses Maß an Besorgtheit und Unruhe ist für unser Leben übrigens oft sehr wichtig. Sie machen uns vorsichtig gegenüber drohenden Gefahren. Versuchen Sie sich bitte eine bevorstehende schwierige Situation vorzustellen. Wenn wir bei solch einer Vorstellung besorgt oder beunruhigt sind, so hilft uns diese Unruhe dabei, uns innerlich auf die kommende Herausforderung einzustellen. Im Geiste können wir uns überlegen, welche besonderen Schwierigkeiten auftauchen könnten und wie wir sie am besten meistern können. Diese Art von gedanklichem Probehandeln ist eine der wichtigsten Problembewältigungsstrategien überhaupt.

Sind die Merkmale unserer Persönlichkeit anlagebedingt?

Unter Persönlichkeitsmerkmalen verstehen Psychologen Eigenschaften, die über die Zeit und Situation hinweg relativ stabil sind. Wenn wir Menschen beschreiben, machen wir in der Regel Aussagen über Persönlichkeitsmerkmale. Zu diesen Aussagen gelangen wir durch unsere Beobachtung, nach der sich jemand in verschiedenen Situationen und über einen längeren Zeitraum hinweg ähnlich verhält: „Gabi ist ein Energiebündel – Jutta ist gewissenhaft und ruhig – Michael ist schnell gestresst."

Persönlichkeitsmerkmale werden anhand bekannter Fragebögen erfasst, wie der MMPI (Minnesota Multiphasic Personality Inventory), dem Cattells Sixteen Personality Factor Questionnaire (16PF) oder mit Eysencks Personality Inventory. Dabei müssen die untersuchten Personen eine Vielzahl an Fragen beantworten. Wenn man diese Fragen zu verschiedenen Zeitpunkten beantworten lässt, kann man feststellen, wie weit die Antworten konstant bleiben oder sich verändern. Dadurch sind den Wissenschaftlern Aussagen über die Konstanz von Persönlichkeitseigenschaften möglich.

Natürlich wissen sie auch, dass viele Menschen bei solchen Befragungen dazu neigen, sich in einem guten Licht darzustellen. Deshalb enthalten die wichtigsten Persönlichkeitsfragebögen so genannte Lügenskalen, mit denen die Personen herausgefiltert werden können, die gern einmal „schummeln".

Über Persönlichkeitsmerkmale liegen zahlreiche Untersuchungen vor. Robert McCrae und Paul Costa fassten die größten Studien zusammen. Ihr wichtigstes Ergebnis ist, dass sich Persönlichkeitsmerkmale über die Zeit hinweg als sehr beständig erweisen. Personen, die schüchtern sind, neigen dazu, schüchtern zu bleiben, während gesellige Menschen im Durchschnitt gesellig bleiben.

Mit komplizierten statistischen Methoden identifizierten die Wissenschaftler schließlich fünf Persönlichkeitsmerkmale, die im Amerikanischen „big five" – die grossen Fünf – genannt werden:

1. Unter Extraversion (extraversion) versteht man die Eigenschaft einer Person, die gesellig, kontaktfreudig und eher bestimmend ist.
2. Mit Verträglichkeit (agreeableness) meint man die Eigenschaft von Personen, die liebenswürdig, gutmütig und freundlich sind.
3. Gewissenhafte Personen (conscentiousness) zeichnen sich durch Zuverlässigkeit, Ordentlichkeit und Gründlichkeit aus.
4. Emotional stabile Menschen (emotional stability) sind ruhig, gelassen und selbstvertrauend.
5. Mit Offenheit für Erfahrungen (intellectual openness) meint man Persönlichkeitsmerkmale wie originell, kreativ, fantasievoll und künstlerisch.

Natürlich interessierten sich Verhaltensgenetiker dafür, ob sich Hinweise für einen genetischen Einfluss auf die wichtigsten Persönlichkeitseigenschaften finden lassen. Bis heute existieren mehrere hundert umfassende verhaltensgenetische Forschungsarbeiten zur Persönlichkeit. Eine der größten und wichtigsten Studien dazu stammt von Loehlin (1992). Er fasst fünf Studien zusammen, die in fünf verschiedenen Ländern durchgeführt wurden und bei denen insgesamt 24000 Zwillingspaare beteiligt waren. Seine Aussagen stützen sich damit auf eine enorm breite Basis an Daten. Das Fazit all dieser Untersuchungen ist schnell gezogen. Für jedes der fünf Persönlichkeitsmerkmale zeigte sich ein mindestens moderater genetischer Einfluss.

In der Forschung kommt es häufig vor, dass verschiedene Untersuchungen zu verschiedenen Ergebnissen kommen. Da eine Vielzahl an Untersuchungen zum Thema 'genetischer Einfluss auf Persönlichkeitsmerkmale' vorliegen, wäre zu erwarten gewesen, dass sich einige darunter finden, die keinen Zusammenhang zwischen Anlage und Persönlichkeit finden. Dies war aber zur großen Überraschung der Wissenschaftler, die einen Überblick über die gesammelten Arbeiten zusammenstellten, nicht der Fall.

Persönlichkeit und Umwelt beeinflussen sich wechselseitig

„Charles kam in den Raum, als gehöre ihm das alles. Er hatte rotblonde Haare, ein zerfurchtes Kinn und trug eine dunkle Sonnenbrille. Sein tadelloser Maßanzug hing locker von seinen breiten Schultern herunter. Er bewegte sich wie ein Leopard und blieb nie stehen, er war agil und wach. Durch seine schiere Anwesenheit war er raumfüllend, er übermittelte allen eine machtvolle Botschaft: Ich bin hier der Boss.

Tagsüber war Charles, 42 Jahre alt, Börsenmakler. Seine Kunden waren wie er – jung, reich und darauf aus, mehr, viel mehr aus ihrem Geld zu machen. Sie waren ungeduldig und gingen gern ein kleines Risiko ein. Eigentlich war es gerade das Risiko, was ihnen Spaß machte ... Was Charles fesselte, war nicht so sehr das Geld, sondern der Nervenkitzel beim Aktienhandel. Das Geld war gut und schön, aber er war auf die Jagd aus. Der Börsenticker ließ sein Herz höher schlagen ... Die Aufregung war sein Lebenselixier. Und am Wochenende legte er keine andere Gangart ein; nur die Situation war eine andere. Er hatte ein rotes Kabrio, das er gern auf Hochglanz polierte und mit einem Aufsatz für sein Surfbrett versah. Er surfte so lange, bis ihm die Arme wehtaten und die Beine zitterten. Er mochte es, wenn auf seiner gereizten Haut, die von der Sonne gerötet war und von der Anstrengung glühte, das Salz brannte. Nachts feierte er mit Freunden Partys und sammelte dabei Kräfte für den nächsten Tag. Er konnte es gar nicht erwarten, montagmorgens aufzustehen, um sich wieder an die Börse zu begeben.

Charles hatte einen jüngeren Bruder, der eine kleine Wohnung gemietet hatte, die preiswert möbliert und peinlich sauber war. Michaels ganzer Stolz war ein Blumenkasten, der voller Pfingstrosen war. Er aß gern allein am Küchentisch, trank etwas Kräutertee und beobachtete die Pflanzen in der Sonne. Er lebte in der Nähe seiner Eltern und sah keinen Grund von dort wegzuziehen, wo er Freunde und Verwandte in der Nähe hatte.

Michael war 28 Jahre und sah seinem Bruder sehr ähnlich ... Er zog sich Freizeitkleidung an mit offenem Hemd und Kordhose. Er studierte, um später Grundschullehrer zu werden ... Er rauchte nicht und trank nur selten. Er surfte nicht, aber joggte gern allein und auf leeren Straßen. Seine Vorstellung von einem schönen Wochenende war es, das örtliche Museum zu besuchen. Wenn dort eine neue Ausstellung eröffnet wurde, wartete er dennoch immer eine Woche ab, weil es dann weniger voll war.

Beide waren im selben Haus groß geworden, hatten die gleichen Eltern und gingen in die gleiche Schule ... In einer Befragung klagte keiner von beiden darüber, dass ihm etwas fehle, und beide hatten eine positive Einstellung zur Zukunft. Als man sie auf die Unterschiede zwischen ihnen ansprach, lachten sie und sagten, sie seien immer schon, seit sie kleine Jungen waren, unterschiedlich gewesen. Die Frage, ob sie gern miteinander tauschen würden, beantworteten sie mit einem entschiedenen Nein.

Charles holte sich aus seiner Schnelllebigkeit eine tiefe Befriedigung. Michael war nachdenklicher. Charles war gesellig und immer von Freunden umgeben. Michael zog die Einsamkeit und Abende mit einem Buch allein zu Hause vor. Doch beide beschrieben sich selbst als zufrieden ... Charles und Michael waren im tiefsten Inneren ihrer Persönlichkeit grundsätzlich voneinander unterschieden."

Dean Hamer, der dieses Fallbeispiel beschreibt (S. 38 ff.), befasst sich mit dem Einfluss der Anlage auf unsere Persönlichkeit. In seinem Labor am National Institute of Health in Bethesda, Maryland, hat er einen entscheidenden Beitrag zu einem der Persönlichkeitszüge geleistet, die mit Novelty Seeking – Suche nach Neuartigem – bezeichnet werden, für das Charles ein typischer Vertreter ist.

Der Nachweis des genetischen Einflusses auf Novelty Seeking stammte wie so oft von Zwillingsstudien. Eine Studie umfasste 442 ein- und zweieiige Zwillingspaare, die gemeinsam aufwuchsen. Die Auswertung der Ergebnisse ergab einen deutlichen genetischen Anteil für Novelty Seeking.

Besonderes Aufsehen erregten aber zwei molekulargenetische Studien zum Novelty Seeking. Denn die Wissenschaftler waren sich darüber im klaren, dass es sehr schwierig werden würde, die für Persönlichkeitsaspekte mitverantwortlichen Gene zu finden. Ähnlich wie im Fall der Intelligenz handelt es sich auch hier um jeweils sehr komplexe Eigenschaften, die durch zahlreiche Gene beeinflusst werden. Deshalb ist die Effektstärke eines einzelnen Gens eher gering. Oben haben wir ja bereits gesehen, dass uns etwa 40000 Gene zum Menschen machen, was die Suche nach einzelnen Genen enorm schwierig macht. In Wissenschaftskreisen wurde denn auch der Durchbruch eines Forscherteams aus Israel als Sensation gewertet. Richard Ebstein, Direktor des Labors am Sarah Herzog Memorial Hospital in Jerusalem, Robert Belmaker und Dean Hammer gelang der direkte Nachweis für den Zusammenhang zwischen einem Persönlichkeitsmerkmal und einem spezifischen Gen. Dabei handelt es sich um das Neurorezeptoren-Gen Dopamin-D-4-Rezeptor (D4DR). Dieses Gen beeinflusst, zusammen mit anderen, die bisher noch nicht identifiziert werden konnten, die Ausprägung von Novelty Seeking.

Welche Rolle spielt nun die Umwelt bezüglich Novelty-Seeking? Weder die Umwelt allein noch die Gene allein sind für die jeweilige Ausprägung eines Merkmals bei Kindern und Erwachsenen verantwortlich. Vielmehr handelt es sich um ein Wechselspiel von Anlage und Umwelt. Wenn Gene mitverantwortlich für unsere Persönlichkeit sind, dann beeinflussen sie, wie wir unsere Umwelt erleben. Auch Charles und Michael erleben ihre Umwelt aufgrund ihrer unterschiedlichen Anlagen ganz unterschiedlich. Was für Charles eine spannende Herausforderung ist, wie zum Beispiel sein Beruf als Börsenmakler, würde seinen Bruder erschaudern lassen. Was für Michael eine angenehme Abwechslung ist, wie abends zu Hause ein Buch lesen, würde Charles unglücklich machen. Dementsprechend werden beide unterschiedliche Umwelten aufsuchen. Dies umso mehr, je älter sie werden und je mehr Einfluss sie auf die Art und Weise, wie sie ihr Leben bevorzugt gestalten möchten, nehmen können.

Das Beispiel der beiden Brüder zeigt noch einmal, dass Persönlichkeitsmerkmale sehr beständig sind. Im Kapitel „Intelligenz" haben wir gesehen, dass genetischer Einfluss zunimmt, je älter wir werden. Wenn sich Michael als Kind in sein Zimmer zurückgezogen hat, haben ihn seine Eltern vermutlich oft dazu aufgefordert, mehr Sport zu treiben, seine Freunde zu besuchen oder etwas mit anderen zu unternehmen. Sicher ist er in vielen Fällen dem Wunsch seiner Eltern nachgekommen. Wenn die Eltern gesehen haben, dass Charles wieder eine gewagte Klettertour auf einem Gerüst oder einem Baum unternahm, haben sie es ihm aus Sorge um seine Gesundheit eher verboten. Vielleicht hat er bald bemerkt, dass es besser ist, bestimmte Dinge ohne Wissen der Eltern zu unternehmen. Dadurch sind ihm und seinen Eltern viele Auseinandersetzungen erspart geblieben. Seine Eltern sahen aber sicher, ganz anders wie bei Michael, keinen Anlass, ihren aktiven Sohn zu zusätzlichen Unternehmungen zu ermuntern.

Mit ihren unterschiedlichen Anlagen beeinflussen Kinder das Erziehungsverhalten ihrer Eltern. Aber natürlich nehmen auch die Eltern Einfluss auf das Verhalten ihrer Kinder. Dadurch kommen die unterschiedlichen Neigungen der Kinder, solange sie noch jung sind und der Einfluss der Eltern größer ist, weniger zum Tragen. Charles und Michael haben aber mit zunehmendem Alter mehr Möglichkeiten, ihr Leben nach ihren Neigungen auszurichten. So hat beispielsweise auch ein musikalisches Kind, dessen Musikalität von seinen Eltern abgelehnt wurde, als Erwachsener die Möglichkeit, seiner Neigung nachzugehen. Wir verstehen jetzt besser, warum genetischer Einfluss mit dem Alter zunimmt. Unsere Neigungen sind, wie wir jetzt wissen, nicht allein ein Produkt unserer Erziehung, unserer Umwelt oder unserer Kultur, sondern sie besitzen auch anlagebedingte Anteile.

Wir alle wissen, dass Erwachsene ihre eigene Art besitzen, die wir beispielsweise bei unseren Freunden und Bekannten akzeptieren. Darin drückt sich ihre Persönlichkeit aus. Wenn wir ohne die „die-Erziehung-ist-an-allem-schuld"-Brille auf diese Unterschiede sehen, können wir sie durchaus auch als anlagebedingt ansehen. Warum soll das bei Kindern anders sein? Warum sind Kinder überhaupt so unterschiedlich, wenn sie von den gleichen Eltern erzogen wurden und allein Erziehung bestimmen soll, was aus ihnen wird?

Es spricht einiges dafür, dass es derselbe Einfluss der Anlage ist, der bei Kindern, noch mehr aber bei Erwachsenen für Konstanz und Beständigkeit sorgt. Dahinter verbirgt sich ein großer Vorteil: Würden wir uns dauernd ändern, könnten wir uns selbst kaum kennen lernen. Wir müssten den Weg zu uns selbst immer wieder aufs Neue beginnen. Aber unser Verhalten wäre auch für unsere Umwelt kaum berechenbar. Wenn wir Bekannte oder Geschäftskollegen treffen, müssten sie sich jedes Mal völlig neu auf uns einstellen. Dies würde permanent neue und energiezehrende Kennen-Lern- und Aushandlungsprozesse erfordern. Die relative Konstanz unserer Persönlichkeit hat eine wichtige soziale Funktion. Sie sorgt dafür, dass wir für andere einschätzbar sind.

Wir sind jetzt in der Lage, folgende Erkenntnisse zusammenzufassen:

Persönlichkeitsmerkmale erweisen sich als sehr konstant. Sie zeigen einen deutlichen genetischen Anteil, was Erziehungs- und Umwelteinflüsse in ihrer Ausprägung relativiert, aber natürlich nicht ausschaltet. Für eines der wichtigsten Persönlichkeitsmerkmale, nämlich Novelty Seeking, konnte sogar bereits ein dafür mitverantwortliches Gen identifiziert werden. Unsere Persönlichkeitsmerkmale haben Auswirkungen darauf, wie wir unsere Umwelt erleben und wie wir unser Leben gestalten. Die Konstanz unserer Persönlichkeitsmerkmale erlaubt uns, uns selbst kennen zu lernen, und macht soziale Beziehungen für uns und andere überschaubar.

Auch bei noch so viel Erziehung wird Charles nicht wie Michael und Michael nicht wie Charles. Zum Glück! Denn sonst wären wir bald alle gleichgeschaltete Persönlichkeiten. Was sich autoritäre Regime wünschen mögen, ist glücklicherweise nicht möglich.

Was können Sie als Eltern tun? Wenn Sie bei Ihren Kindern stark ausgeprägte Persönlichkeitszüge oder Neigungen erspüren, so können Sie sich in einem ersten Schritt über die Vorteile und Stärken des jeweiligen Persönlichkeitszuges Klarheit verschaffen. Nehmen Sie sich für diese Aufgabe immer wieder einmal genügend Zeit. Sprechen Sie eventuell auch mit guten Freunden darüber, die Ihnen wohlgesonnen sind und die Ihre Kinder gut kennen.

Obwohl Michael und Charles grundverschieden sind, haben beide in ihrer Verschiedenheit ausgeprägte Stärken. Damit sind auf der anderen Seite natürlich auch Einschränkungen verbunden. Wir müssen uns aber darüber im Klaren sein, dass weder unsere Kinder noch wir selbst alles gleichzeitig sein können. Bescheidene Kinder können nicht gleichzeitig Draufgänger sein – Draufgänger werden unglücklich, wenn sie sich dauernd zurücknehmen müssen. Wenn wir als Eltern die jeweiligen Stärken, die sich hinter den Eigenschaften unserer Kinder verbergen, erkennen, können wir mit diesen Stärken unserer Kinder arbeiten, statt dagegen anzukämpfen.

Was heißt das konkret? Bei Charles werden die Eltern ihr Kontrollbedürfnis auf ein vernünftiges Maß zurücknehmen, um die Unternehmungslust ihres Sohnes nicht durch zu enge Grenzen zu ersticken, stattdessen werden sie seinen Mut, sein Durchhaltevermögen und seine Entdeckerqualitäten würdigen; bei Michael werden sie weniger gegen seine zurückhaltende Art angehen, indem sie ihn dazu drängen, aktiver und unternehmenslustiger zu werden, sondern seine Bescheidenheit als wertvolle Eigenschaft anerkennen. Die Welt wäre mit mehr bescheidenen Menschen vermutlich friedlicher, als sie es heute ist. Wenn die Eltern ihn so anerkennen und unterstützen, wird er aus eigenem Antrieb die Form von Aktivität entdecken und entwickeln, die ihm gemäß ist. Wenn seine Eltern ihn liebevoll wahrnehmen, können sie jetzt sein Aktiv-Werden unterstützen und anerkennen. Wie können sie das tun? Indem sie ihm etwa abends vor dem Zubettgehen ein kleines Briefchen schreiben – „Wir freuen uns darüber, dass du heute mit deinen Freunden einen Ausflug gemacht hast. Toll!" So gestalten Sie eine positive Beziehung zu Ihrem Kind. Und von dort aus können Sie ihm helfen, sich weiterzuentwickeln.

Aufgekratzt, immer in Bewegung, unruhig und noch viel mehr: hyperaktive Kinder

Hyperaktive, das heißt ganz besonders unruhige Kinder stellen ihre Eltern und Lehrer vor extreme Herausforderungen. Manche von ihnen sind dauernd in Bewegung und können nicht still sitzen, was zu Hause, aber auch im Kindergarten und in der Schule zu kritischen Situationen und Auseinandersetzungen führt. Sie sind impulsiv, handeln, ohne an die Folgen zu denken, können kaum abwarten oder unterbrechen andere.

Ihr Verhalten zeigt sich von klein an. Viele der Kinder sind später auch als Jugendliche oder Erwachsene auffällig. Außenstehende können oft nur schwer nachvollziehen, wie belastend diese Kinder zu Hause sein können. Bei ärztlichen Untersuchungen oder in psychologischen Beratungsstellen tritt ihr Verhalten oft nicht in so extremer Form auf wie zu Hause. Deshalb haben viele Fachleute die tatsächlichen Ausmaße der Verhaltensschwierigkeiten dieser Kinder unterschätzt.

Darüber hinaus waren sie lange Zeit der Ansicht, dass die elterliche Erziehung das auffällige Verhalten dieser Kinder verursacht habe. Im Vordergrund stand der – wenn auch verdeckte – Vorwurf, Eltern erzögen nicht konsequent genug. Geht man davon aus, dass Eltern ihre Kinder durch Erziehung einseitig steuern können, so ist es allerdings auch konsequent, den Eltern die Verantwortung dafür zuzuweisen, wenn sich ihre Kinder auffällig verhalten.

In die Beratungsstellen kamen vor allem Mütter, die mit ihren Kräften sichtlich am Ende waren. Die Ratschläge der Berater, konsequenter zu erziehen, konnten sie offensichtlich nicht richtig befolgen. Viele Berater fühlten sich dadurch abgewertet. Die Mütter ihrerseits fühlten sich falsch verstanden und zweifelten an sich und ihrer Erziehungskompetenz, da es ihnen nicht gelang, den Ratschlag eines Fachmanns im Alltag umzusetzen.

Zahlreiche Zwillingsstudien zeigen nun aber übereinstimmend: Hyperaktives Verhalten zeigt einen sehr hohen genetischen Anteil. Das unangemessene Verhalten dieser Kinder kann also nicht allein auf mangelnde Erziehungskompetenz der Eltern zurückgeführt werden. Gerade wegen ihrer Anlagen ist ihre Erziehung besonders aufwändig. Oder anders gesagt: Die Anlagen machen es diesen Kindern sehr schwer, den Wünschen und Anliegen ihrer Eltern nachzukommen und die Grenzen, die ihnen ihre Eltern setzen, einzuhalten. Der Prozentsatz des genetischen Anteils bei hyperaktivem Verhaltens ist, abgesehen vom Autismus, sogar noch höher als bei allen anderen schweren psychischen Auffälligkeiten von Kindern. Der Umwelteinfluss ist hingegen bescheiden.

Dass aber selbst geringer Umwelteinfluss stark ins Gewicht fallen kann, lässt sich am Schulbeispiel von Hyperaktivität schlagend veranschaulichen. Wenn diese Kinder, statt in der Schule zu sitzen, die Gelegenheit haben sich im Freien zu bewegen oder auf einem Bauernhof den ganzen Tag zu arbeiten oder zu handwerken, was viele von ihnen gern tun, dann sind sie deutlich unauffälliger. Allerdings hat sich unsere Umwelt so verändert, dass solche Lebensbereiche für diese Kinder kaum mehr existieren. Dadurch fallen sie heute mehr auf wie früher.

Nach Goodman und Stevenson ist Hyperaktivität denn auch eher die Ursache als die Konsequenz gestörter Familienbeziehungen (1989). Wer solche Kinder einmal erlebt hat, kann sich in etwa eine Vorstellung davon machen, welche Herausforderung ihre Erziehung bedeutet. Wie weit sie das Familienleben „mitgestalten", erleben ihre Eltern Tag für Tag. Viele Eltern solcher Kinder fühlen sich oft hilflos. In dieser Hilflosigkeit kommt der hartnäckige Widerstand zum Ausdruck, den die Anlagen dieser Kinder der Erziehung ihrer Eltern entgegensetzen.

Ständig im Widerstand, oft aggressiv. Womit hyperaktive Kinder zu kämpfen haben.

Viele hyperaktive Kinder weisen zwei weitere Merkmale auf, die für ihre engste Umgebung eine zusätzliche Belastungsprobe darstellen: Erstens sind sie schnell gekränkt und können sich nach einer Enttäuschung schlecht beruhigen, was die Fachleute als 'geringe Frustrationstoleranz' bezeichnen. Und zweitens verhalten sie sich oft oppositionell-aggressiv, d. h. sie sind ohne erkennbaren Anlass provokativ und aggressiv. Sie schlagen, rempeln und spucken mehr als andere. Deshalb werden sie von ihren Spielkameraden abgelehnt und finden keine Freunde, worunter sie leiden. Sogar Erwachsene fühlen sich von ihnen oft provoziert und herausgefordert (Döpfner, Schürmann, Lehmkuhl 2000).

Kinder mit oppositionell-aggressivem Verhalten können sich nur schwer an Anordnungen und Regeln halten. Deshalb kommt es häufig zu Auseinandersetzungen zwischen ihnen und ihren Eltern. Dabei fangen die Kinder oft zu toben und zu schreien an. Wenn die Eltern dann nachgeben, was angesichts des manchmal extremen Ausmaßes dieses Verhaltens nachvollziehbar ist, verstärken sie damit aber gerade das Toben und Schreien. Damit haben wir ein Beispiel dafür, wie unangemessenes Verhalten von Kindern auch durch die Umwelt, in diesem Falle die Erziehung, unterstützt wird.

Sind deshalb die Eltern allein dafür verantwortlich, dass sich ihre Kinder so benehmen? Natürlich nicht. Denn Zwillingsstudien konnten auch für oppositionell-aggressives Verhalten einen deutlichen genetischen Anteil ermitteln. Des Weiteren geben molekulargenetische Studien erste Hinweise für die Vermutung, dass oppositionell-aggressives Verhalten in Zusammenhang mit bestimmten Genen steht: dem 5HT1D-Rezeptor-Gen und dem Dopamin-D4-Rezeptor-Gen.

Der Vergleich von Kindern mit hyperaktivem und oppositionell-aggressivem Verhalten und Kindern ohne dieses Verhalten macht uns auf folgende Aspekte aufmerksam:

Wir sehen, wie unterschiedlich die Persönlichkeit von Kindern auf dem Hintergrund ihrer unterschiedlichen Anlagen sein kann. Daraus ergeben sich für die Eltern sehr unterschiedliche Anforderungen. Gerade das Beispiel dieser Kinder zeigt den großen Einfluss, den sie auf ihre Familie ausüben. Der genetische Anteil sowohl für hyperaktives als auch für oppositionell-aggressives Verhalten ist mit dafür verantwortlich, dass wir diese Kinder nicht einseitig über Erziehung steuern können. Deshalb sind den Erziehungsbemühungen, aber auch therapeutischen Einflüssen, oft Grenzen gesetzt. Das bedeutet selbstverständlich nicht, dass die Eltern dieser Kinder nicht konsequent erziehen sollten. Aber es braucht sehr viel mehr Geduld und Energie als bei anderen.

Haben Sie sich nicht auch schon gefragt, warum eigentlich manche Kinder so schwierig sind? In diesem Zusammenhang ist eine wenn auch sehr kleine Studie von John C. DeFries interessant. Er untersuchte die Babys eines Stammes in Afrika und unterteilte sie in „angenehme" und „schwierige" Babys. Dann wählte er die zehn extremsten Paare aus. Für ein Jahr verließ er Afrika, um die Kinder bei seiner Rückkehr wieder zu untersuchen. Während seiner Abwesenheit fand eine verheerende Dürrekatastrophe statt, und es gelang ihm nicht mehr, alle Babys wiederzufinden. Dennoch sind seine Ergebnisse überraschend: Fünf von sieben der als 'angenehm' klassifizierten Babys waren gestorben, aber nur eines der sechs 'schwierigen'. Seine Erklärung lautet, dass die 'schwierigen' Babys besser überlebt haben könnten, weil ihre Eltern ihren lautstarken Forderungen nach Nahrung eher entsprochen haben als denen der 'angenehmen' Kinder.

Diese Studie macht uns auf einen weiteren interessanten Aspekt aufmerksam: Selbst ein Verhalten, das wir manchmal nur schwer als sinnvoll einschätzen können, kann unter arterhaltendem Gesichtspunkt sehr wichtig gewesen sein. Dies gilt auch für hyperaktives und oppositionell-aggressives Verhalten.

Aber was können Sie tun, wenn Sie ein solches Kind zu Hause haben? Wie die Studie von DeFries und die Ideen anderer Fachleute nahe legen, war diese Form von Verhalten unter anderen Umweltbedingungen, als sie für uns heute typisch sind, durchaus vorteilhaft. Diese Kinder waren beispielsweise tüchtige Jäger und unternahmen als Erwachsene alles, um ihre Familie vor Angriffen von Feinden oder Räubern zu verteidigen. Da unsere Umwelt immer weniger Freiräume für unsere Kinder anbietet, wird es gerade für Kinder mit großem Bewegungsdrang zu eng. Eine gute Antwort darauf scheinen nach den Berichten von Beteiligten die mittlerweile überall entstehenden Waldkindergärten zu sein. Dort sind die Kinder den ganzen Tag im Freien und können sich nach Lust und Laune bewegen. Wenn sie anschließend nach Hause kommen, sind sie ruhiger und ausgeglichener als wenn sie sich die meiste Zeit im Haus aufhalten müssen.

Viele Eltern haben mir davon berichtet, dass sie ihr Kind mit hyperaktivem und oppositionell-aggressivem Verhalten ein Vielfaches an Energie, Zeit und Nerven kostet. Uns steht aber nur ein begrenztes Ausmaß an Energie zur Verfügung. Deshalb ist es gut, wenn Sie als Eltern dieser Kinder sich selbst und Ihre Bedürfnisse auch hin und wieder berücksichtigen und immer wieder einmal Kraft tanken. Das kann beispielsweise im Glauben sein oder indem Sie sich zu festen Zeiten einen freien Abend nur für sich und ohne Kind einplanen. Damit unternehmen Sie letztlich auch etwas für Ihr Kind. Denn Ihrem Kind geht es besser, wenn es Ihnen als Eltern gut geht.

Zahlreiche praktische Anregungen für den Umgang mit diesen Kindern zu Hause geben Manfred Döpfner, Stephanie Schürmann und Gerd Lehmkuhl in „Wackelpeter und Trotzkopf" (2000), das ich Ihnen unter „Empfohlene Literatur" am Ende dieses Buches vorstelle.

Die stille unterschätzte Krankheit: Auch Kinder haben Depressionen

Depression gehört zu den häufigsten und am meisten unterschätzten Krankheiten. Allein in Deutschland sind rund 4 Millionen Menschen davon betroffen. Sie fühlen sich in einem Ausmaß kraft-, freud- und antriebslos, das weit über die üblichen Gefühle der Unzufriedenheit und Missstimmung, wie sie bei uns allen hin und wieder vorkommen, hinausgeht. Etwa 12 000 Menschen pro Jahr fühlen sich davon so schwer beeinträchtigt, dass sie sich das Leben nehmen. Das sind deutlich mehr als die 8000 Menschen, die durch Verkehrsunfälle jährlich ums Leben kommen.

Eine schwere Depression ist in der Regel durch einen schleichenden Beginn gekennzeichnet, der sich über Wochen oder Monate hinzieht. Die Krankheit verläuft in Phasen, die über mehrere Monate anhalten.

Während man die Depression früher als eine typische Erwachsenenkrankheit ansah, sind sich die Fachleute heute darin einig, dass eine große Zahl an Kindern und Jugendlichen ebenfalls betroffen ist. Ihre Erscheinungsform ist dann aber nicht so eindeutig wie bei den Erwachsenen.

Eines der typischen Merkmale depressiver Erkrankungen ist, dass sich die Betroffenen innerlich zurückziehen und verschließen. Viele Eltern spüren, wenn es ihren Kindern nicht gut geht, und sprechen sie darauf an. Bei depressiven Kindern erhalten sie aber nur ausweichende oder gar keine Antworten. Dies erhöht ihre Sorge. Denn Eltern spüren, dass es für das seelische und körperliche Wohlbefinden ihrer Kinder ungünstig ist, wenn sie belastende Ereignisse nicht ausdrücken.

Offene Kinder, die sich gut ausdrücken können und sozial kompetent sind, haben es in jeder Beziehung leichter, nicht nur zu Hause. Sie finden leichter Freunde und können besser ihre Interessen vertreten. Wenn sie zusätzlich noch psychisch belastbar und stabil sind, ist die Erziehungsanforderung, die sich für die Eltern ergibt, eine völlig andere als bei depressiven Kindern.

Nehmen Sie sich bitte die Zeit und stellen Sie sich ein solches Kind vor. Denken Sie an eines der psychisch stabilen Kinder, die letztlich nichts wirklich umwirft. Natürlich erleben auch sie täglich schwierige Situationen und Enttäuschungen. Auch Tränen gibt es möglicherweise jeden Tag. Aber, und das ist ein entscheidender Unterschied, sie halten nicht lange an. Bald ist alles vergessen, und die Sonne lacht wieder. Solche Kinder geben ihren Eltern bedeutend weniger Anlass zur Sorge.

Eltern depressiver Kinder stehen einer kaum eindeutig lösbaren Gratwanderung zwischen Beschützen und Loslassen gegenüber. Studien konnten beispielsweise zeigen, dass depressive Kinder eher Gefahr laufen, Drogen zu nehmen, weil sie damit ihre unangenehmen Gefühle abdämpfen wollen. Auch andere Verhaltensauffälligkeiten treten bei ihnen deutlich öfter auf als bei anderen Kindern und Jugendlichen. Ihr Schulabschluss ist oft schwächer, als man von ihren intellektuellen Anlagen her erwarten könnte. Es ist also verständlich, wenn sich die Eltern dieser Kinder Sorgen machen und ihre Kinder vor Schicksalsschlägen beschützen wollen.

Jedoch wird das gut gemeinte und besorgte Verhalten von Eltern vor allem von älteren Kindern und Jugendlichen oft als Bevormundung erlebt und zurückgewiesen. Dadurch sehen sich die Eltern in ihrer besorgten Haltung bestätigt, stellen noch mehr Fragen oder nehmen eine noch beschützendere Haltung ein. Daraufhin ziehen sich die Kinder noch weiter zurück.

Von manchen Fachleuten wird das Verhalten dieser Eltern als überbehütend beschrieben. Dieser Ausdruck legt nahe, das Ziel der Eltern sei es, die Selbstständigkeitsentwicklung ihrer Kinder zu untergraben. Es ist verständlich, wenn sich Eltern gegen solche belastenden Unterstellungen wehren, die nicht weiterhelfen.

Die Erziehungsdiskussion hat bisher übersehen, dass es oft anlagebedingte Persönlichkeitsaspekte der Kinder sind, die ein Umsteuern für Eltern so schwer machen. Erklärungsansätze, die einzig auf psychologische oder familiendynamische Aspekte gerichtet sind, greifen deshalb zu kurz.

Wir besitzen heute einen klaren Nachweis dafür, dass Depression auch anlagebedingt ist. Eine Studie an 316 Zwillingspaaren zwischen 8 und 16 Jahren konnte sogar einen bedeutsamen genetischen Einfluss bei schweren depressiven Erkrankungen nachweisen (Thapar and MacGuffin 1994).

Wie bei allen bisher besprochenen Aspekten zeigt auch die Depression einen Umwelteinfluss. Denn jede nach dem Zweiten Weltkrieg aufgewachsene Generation in der westlichen Welt weist eine jeweils höhere Depressionsrate als die vorhergehende auf. Und natürlich können auch psychologische und familiäre Faktoren eine wichtige Rolle spielen. Aber, wie Ulrike Schäfer in ihrem Ratgeber „Depressionen im Kindes- und Jugendalter" (1999) zu Recht betont, „können psychologische Theorien für Kinder mit Depression nicht uneingeschränkt zur Anwendung kommen" (S. 35). Denn nicht alle kritischen oder belastenden Kindheitserlebnisse führen automatisch zu einer Depression. Dank besonderer und aller Wahrscheinlichkeit nach wiederum angeborener Schutzfaktoren können manche Kinder zum Beispiel besser mit Frustrationen umgehen und „entwickeln sich trotz widriger Umstände gut und ohne psychische Auffälligkeiten" (S. 36).

Wie ambivalent und unabsehbar Erziehung manchmal ist, mag eine letzte Episode verdeutlichen. Ein sehr begabter Erstklässler war im Lese- und Rechtschreiberwerb seinen Klassenkameraden weit voraus. Eines Tages erlaubte ihm seine Lehrerin als Belohnung, in die Leseecke zu gehen und nach eigenem Wunsch zu lesen, während sie mit den anderen einfache Leseübungen durchführte. Nach Schulschluss kam der

Junge tränenüberströmt nach Hause. Besorgt erkundigte sich seine Mutter. „Ich hab heute in die Leseecke müssen", teilte er ihr schluchzend mit. Was als Belohnung gedacht ist, kann als Bestrafung erlebt werden.

Wenn Sie als Eltern unsicher sind, ob Ihr Kind auch so ist, können Sie sich zunächst im oben beschriebenen Ratgeber von Ulrike Schäfer weiter informieren. Einen sehr umfassenden, einfühlsamen und professionellen Ratgeber mit dem Titel „Depressionen im Kindes- und Jugendalter" (2001) haben Christiane Nevermann und Hannelore Reicher geschrieben. Dort finden Sie Kapitel wie „Was Eltern im Alltag tun können" – „Wie lässt sich helfen" oder „Wie kann man Kinder und Jugendliche vor depressiven Entwicklungen schützen".

Dass man auch bei so unheimlich erscheinenden Krankheiten wie Depressionen etwas tun kann, zeigen Studien über den Therapieerfolg. Demnach haben Kinder und Jugendliche eine gute Chance auf eine besseres Leben, wenn sie und ihre Eltern frühzeitig therapeutische Hilfe erhalten.

Nikotinsucht

Die weltweite Verbreitung des Rauchens geht auf das 19. Jahrhundert zurück, als in Amerika erstmals industriell gefertigte Zigaretten angeboten wurden. In Europa verbreitete sich das Rauchen nach dem Ersten Weltkrieg zunächst bei den Männern und nach dem Zweiten Weltkrieg auch bei den Frauen. Anfangs war es auf die gebildeten Schichten der Bevölkerung beschränkt und dehnte sich von dort auf die anderen Bevölkerungsschichten aus. Dieses Muster hat sich im Laufe der Zeit umgekehrt. Rauchen ist heute vor allem bei den jungen Leuten der weniger gebildeten Schichten verbreitet.

Typischerweise beginnen Menschen im Jugendalter mit dem Rauchen. Nur äußerst selten trifft man auf Erwachsene, die beispielsweise erst mit 50 Jahren zu rauchen beginnen.

Rauchen stellt in gewissem Sinne die gefährlichste aller Süchte dar, da die mit Tabakkonsum in Zusammenhang stehenden Todesfälle allein in den USA in die Hunderttausende pro Jahr gehen. Deshalb interessierte sich eine Vielzahl von Wissenschaftlern dafür, wieso manche Jugendliche zum Raucher werden, andere hingegen nicht.

Die Ergebnisse sprechen eindeutig für eine familiäre Weitergabe des Rauchens. In zahlreichen Studien fand man nämlich als konstantes Ergebnis, dass Rauchen bei den Kindern rauchender Eltern zwei- bis viermal häufiger auftritt als bei den Kindern nicht rauchender Eltern. Damit schien wieder einmal bewiesen, dass eben die Eltern durch ihre Erziehung daran „schuld" sind, wenn ihre Kinder rauchen.

Die Schlussfolgerungen aus diesen Daten sind in zweierlei Hinsicht falsch: Zum einen, was den Einstieg ins Rauchen angeht, zum andern, ob jemand Raucher bleibt oder wieder damit aufhört.

Aber befassen wir uns zunächst mit der Frage, wie Kinder überhaupt an Zigaretten herankommen. Grob gesagt können wir beim Rauchen zwei Stadien unterscheiden. Das erste ist der Einstieg. Er erfolgt in aller Regel über den Einfluss der Gleichaltrigen. Andere Jugendliche aus dem Freundes- oder Bekanntenkreis rauchen bereits. Sie wirken auf ihre Freunde erwachsener und attraktiver als die Nichtraucher. Die Raucher bieten den anderen Zigaretten an oder überreden sie dazu, „mal eine auszuprobieren". Wichtig ist die soziale Funktion des Rauchens in dieser Lebensphase. Im Leben der Kinder gehörte Rauchen bisher in die Welt der Erwachsenen und wurde ihnen verboten. Dadurch, dass sie selbst zu rauchen beginnen, glauben viele ein Tor ins heiß herbeigesehnte Erwachsenenalter aufstoßen zu können. Der Einfluss der Eltern auf den Einstieg ins Rauchen ist dabei minimal.

Der Einstieg ins Rauchen wird mit dem Persönlichkeitsmerkmal Novelty Seeking in Verbindung gebracht, das wir oben bereits kennen gelernt haben. Dies ist nicht überraschend, denn Jugendliche, bei denen dieses Persönlichkeitsmerkmal stark ausgeprägt ist, suchen nach Abwechslung und Abenteuer und experimentieren dabei mit allem, was für sie neu ist. Sicher erinnern Sie sich daran, dass Novelty Seeking einen genetischen Einfluss aufweist. Der Einstieg ins Rauchen kommt also über dieses Persönlichkeitsmerkmal, das einen anlagebedingten Anteil aufweist, zum Tragen. Wir haben gesehen, dass unsere Persönlichkeit mit darüber entscheidet, welche Umgebung wir aufsuchen und wie wir auf unsere Umwelt reagieren.

Viele der jugendlichen Experimentierer bleiben Raucher, viele hören aber wieder damit auf. Gemäß den Studien zum Familieneinfluss soll nun der Erziehungseinfluss beziehungsweise die Vorbildfunktion der Eltern dafür verantwortlich sein, ob jemand Raucher bleibt oder nicht. Dabei übersahen diese Forscher die Möglichkeit einer familiären Weitergabe, die über die Gene stattfindet. Immerhin besitzen ja Eltern und

Kinder gemeinsame Gene. Deshalb kann genauso gut genetischer Einfluss für die Weitergabe des Rauchens in Frage kommen wie sozialer Einfluss. Aber ist das auch tatsächlich so?

Die wichtigsten Befunde zu dieser strittigen Frage stammen von David Rowe. Er leitete seine zentralen Aussagen von Zwillings- und Adoptionsstudien ab. Unter anderem liegen zahlreiche große Zwillingsstudien vor, die in verschiedenen Ländern durchgeführt wurden. Eine schwedische Studie untersuchte 12 000 Paare, von denen die Hälfte Nichtraucher waren. Wenn ein Zwilling zum Untersuchungszeitpunkt Raucher war, betrug die Wahrscheinlichkeit, dass auch der andere Zwilling rauchte, bei eineiigen Zwillingen 75 Prozent und bei zweieiigen Zwillingen 63 Prozent. Wieder lassen die Ergebnisse aller Studien nichts an Klarheit zu wünschen übrig: Sie sprechen eindeutig für einen genetischen Einfluss auf das Rauchen. Spätestens wenn die Kinder erwachsen sind, tritt der Erziehungseinfluss der Eltern sogar völlig in den Hintergrund. Statistisch gesprochen geht er auf null zurück, das heißt es findet sich keinerlei Zusammenhang zwischen dem Erziehungsverhalten der Eltern und dem Rauchen ihrer mittlerweile erwachsen gewordenen Kinder. Rowe beschreibt dies so: „Die Rolle der Eltern ist passiv – sie geben einen Satz von Genen weiter, die für das Risiko zu rauchen relevant sind, aber sie beeinflussen ihre Nachkommen nicht über den sozialen Weg." (1997, S. 242)

Trotz dieser Erkenntnisse hält sich der Mythos über die entscheidende Bedeutung der Erziehung während der frühen Kindheit, auch in Bezug auf das Rauchen, natürlich weiter aufrecht. So fordert beispielsweise T. Brazelton im Boston Globe, einer angesehenen amerikanischen Zeitschrift: „Um das Rauchen des Teenagers zu verhindern, fördern Sie Ihr Kind in den ersten Jahren." Auch für John Bruer, der dieses Zitat anführt, ist dies „eine fürwahr erstaunliche Erkenntnis" (2000, S. 85), die allerdings kein Fundament besitzt. Trotz anders lautender Forschungsbefunde bleibt Brazelton aber bei seiner Meinung, dass Kinder für den Reiz des Rauchens deshalb anfällig seien, weil sie in den „entscheidenden" ersten drei Lebensjahren entsprechende Erfahrungen gemacht hätten: „Wenn wir bis zur Adoleszenz warten, um bei den Kindern das Gefühl für sich selbst zu wecken, das notwendig ist, um dem Rauchen zu widerstehen, dann wird es uns Leid tun."

Ob jemand von Nikotin abhängig wird, entscheidet sich in seinem Gehirn. Bei Rauchern führt die Einnahme von Nikotin zu einer Reihe positiver Erlebnisse und Reaktionen, da Nikotin den Gehirnstoffwechsel stark beeinflusst. Es erhöht erstens ihre Konzentration und Aufmerksamkeit. In Experimenten lernen Versuchspersonen unter Nikotin zumindest kurzfristig besser als andere, die kein Nikotin bekamen. Zweitens fördert es aber auch positive Gefühle wie Wohlbefinden und Ausgeglichenheit, weil es ähnlich wie bestimmte Medikamente gegen Depressionen wirkt. Drittens führt es in abgeschwächter Form zu einer Art Stimmungshoch, die mit der Einnahme von Kokain oder Amphetaminen verglichen werden kann. Rauchen birgt bei diesen Menschen also ein extremes Suchtpotenzial, weshalb ihnen der Ausstieg so schwer fällt. Die Erinnerungen an die positiven Gefühle im Zusammenhang mit Rauchen sind bei ehemaligen Rauchern so stark im Gehirn eingeprägt, dass Situationen, in denen sie früher gern zu einer Zigarette griffen, noch nach langer Abstinenz den Wunsch nach Nikotin aktivieren. Mit Erziehung hat dies nichts zu tun.

Hängt unser Körpergewicht nur vom Essen ab?

Schlank, schlank, schlank – so lautet einer der häufigsten Gedanken, der Erwachsene, mehr und mehr Jugendliche und in letzter Zeit sogar schon Kinder in zunehmendem Maße beschäftigt, ja oft sogar quält. Das Credo der Prediger des Schlankheitswahns geht davon aus, dass wir unser Körpergewicht nach unseren Wünschen beliebig beeinflussen können, wenn wir nur aufrichtig wollen oder endlich auf die richtige Diät umsteigen.

Übergewicht und Fettleibigkeit sind bedeutende Risikofaktoren für eine Vielzahl an Krankheiten und Beschwerden und können deshalb nicht auf die leichte Schulter genommen werden. Obschon die meisten Menschen glauben, individuelle Unterschiede im Körpergewicht gingen überwiegend auf Umweltfaktoren wie Essgewohnheiten und sportliche Betätigung zurück, zeigt eine überwältigende Anzahl von Forschungsarbeiten, dass genetische Faktoren eine zentrale Rolle in Bezug auf zahlreiche Aspekte unseres Körpergewichts spielen.

Besonders interessant ist für uns eine Studie an Mäusen mit Erbanlagen, die zu permanentem Hungergefühl führten. Die Tiere fraßen alles, was sie zu fressen fanden. Natürlich hatten sie bald ein Körpergewicht, das zwei- bis dreimal höher war als das einer Vergleichsmaus.

Molekulargenetiker sind bei Mäusen auf ein Gen gestoßen, das mit dem Sättigungshormon Leptin in Zusammenhang steht. Vereinfacht gesagt wird dieses Hormon in den Fettzellen gebildet und gelangt über das Blut ins Gehirn. Dort meldet es dem Gehirn, wie viel Fettmasse vorhanden ist, worauf das Gehirn je nachdem das Signal „ich bin hungrig" oder „ich bin satt" gibt. Die Mäuse, bei denen dieser Kreislauf fehlerhaft ausgebildet ist, fressen bedeutend mehr als andere, denn ihr

Gehirn meldet ihnen immer „ich bin hungrig" zurück. Es gibt bereits erste Hinweise, dass es auch bei manchen Menschen einen ähnlichen Mechanismus gibt.

Durch molekulargenetische Studien an Mäusen konnten bereits über 15 Regionen auf verschiedenen Chromosomen identifiziert werden, die mit der Regulation des Körpergewichts in Zusammenhang stehen. Da unser Körpergewicht von komplexen Faktoren wie Essvorlieben oder dem Ausmaß an Bewegung abhängt, kann nicht ein einzelnes Gen für unser Köpergewicht verantwortlich sein, sondern verschiedene Gene. Die Studien an Tieren zeigen also eindeutig, dass die Erbanlagen einen bedeutsamen Einfluss auf das Körpergewicht ausüben.

Dies ist beim Menschen kaum anders. Wie Hebebrand und Hinney in einer interessanten Arbeit über Fettleibigkeit mit dem Titel „Zur Erblichkeit der Adipositas im Kindes- und Jugendalter" (2000) ausführen, war Übergewicht im Verlauf unserer Menschheitsgeschichte sogar von Vorteil, weil die Betroffenen die zahlreichen, immer wieder plötzlich auftretenden Hungersnöte besser überstehen konnten. Diese Menschen konnten ihre Erbanlagen erfolgreicher an ihre Nachkommen weitergeben. Erst seit wenigen Jahrzehnten wirken sich diese Erbanlagen, vor allem bei uns in den reichen Industrienationen, negativ aus, weil wir immer genügend zu essen haben und uns viel weniger bewegen als früher. Dieselben Erbanlagen, die früher noch nützlich waren, sind es unter derart geänderten Umweltbedingungen also plötzlich nicht mehr.

Eine Reihe an Adoptions-, Zwillings- und Familienstudien zeigt übereinstimmend einen teilweise sogar sehr hohen Einfluss der Anlagefaktoren auf das Körpergewicht beim Menschen. So untersuchte eine Studie das Gewicht von über 100 getrennt aufgewachsenen eineiigen Zwillingen, von denen die meisten bald nach ihrer Geburt getrennt wurden. Das Gewicht dieser Zwillinge wurde verglichen mit einer Gruppe gemeinsam aufgewachsener eineiiger Zwillinge. Unabhängig davon, ob die eineiigen Zwillinge getrennt oder gemeinsam aufwuchsen, war ihr Körpergewicht in hohem Maße ähnlich. Umweltfaktoren spielten nur eine geringe Rolle.

Eine andere Untersuchung befasste sich mit der Gewichtszunahme auf eine bestimmte vorher festgelegte Nahrungsmenge. Eineiige Zwillinge nahmen über 84 Tage zusätzlich 1000 Kalorien zu sich. Auf diese Kalorienzunahme reagierten die Zwillingspaare sehr unterschiedlich. Manche nahmen nur 4 kg zu, andere 13. Wenn ein Zwilling nur wenig zunahm, dann nahm auch der andere nur wenig zu. Wenn einer viel zunahm, dann nahm auch sein Zwillingsbruder viel zu. Das heißt, die Zwillinge reagierten unter sich sehr einheitlich. Diese Studie belegt, dass Menschen auf eine Erhöhung ihrer Nahrungsmenge sehr unterschiedlich reagieren. Manche nehmen schnell zu, andere nicht. Diese unterschiedlichen Reaktionen weisen einen hohen genetischen Anteil auf.

Genetische Studien weisen auf einen weiteren wichtigen Aspekt hin. Erbliche Faktoren beeinflussen nämlich auch unsere Ernährungsgewohnheiten, unseren Energieverbrauch und unser Bewegungsverhalten. Alle drei Aspekte stehen in engem Zusammenhang mit unserem Körpergewicht. Bei Extrembergsteigern konnte beispielsweise gezeigt werden, dass genetische Einflüsse für ihre Ausdauer mitverantwortlich sind. Und wer sich extrem lange und viel bewegt, verbraucht viel Energie, was sich auf das Körpergewicht auswirkt.

Insgesamt können wir mit Sicherheit davon ausgehen, dass das Körpergewicht erblich beeinflusst ist, beim einen mehr, beim andern weniger. Vor allem bei Kindern kann der erbliche Einfluss auf Übergewicht sehr hoch sein. Diese Kinder werden oft von ihrer Umwelt zu Unrecht gehänselt und verspottet. Erfolgreiches Abnehmen würde diesen Kindern ein Ausmaß an Energie und Selbstkontrolle abverlangen, das sie noch nicht erbringen können, weil sie sich noch nicht so steuern können wie Erwachsene.

Natürlich bedeuten diese Befunde nicht, dass Umwelteinflüsse in Bezug auf unser Körpergewicht keinerlei Rolle spielten. Wer beispielsweise überhaupt keine Nahrung mehr zu sich nimmt, kann nicht weiter zunehmen. Wer sich viel bewegt, verbrennt mehr Energie und nimmt eher ab.

Oder wie Plomin (1999) sagt: „Würde jeder die gleiche Menge an Nahrung zu sich nehmen und in gleichem Umfang Sport treiben, würden sich Menschen dennoch auf Grund genetischer Faktoren im Körpergewicht unterscheiden." (S. 193)

Dieses Wissen ist wichtig für Eltern, Kinder und Erwachsene, die sich im Kampf gegen ihre Pfunde befinden, weil es sie entlastet und ihre Verantwortung für die Regulation ihres Körpergewichts relativiert. Es hilft ihnen, sich von unrealistischen und überzogenen Erwartungen zu verabschieden. Damit können sie ihre Bemühungen um Gewichtsregulation auf eine realistischere Basis stellen, was sich wiederum positiv auf die Erfolgschancen und ihr Lebensgefühl auswirkt.

Für übergewichtige Kinder und Jugendliche gibt es seit einiger Zeit von Fachleuten geleitete therapeutische Gruppen. Dort erleben die Betroffenen oft zum ersten Mal, dass sie mit ihren Sorgen nicht allein sind. Unter „ihresgleichen" können sie ihr Herz leichter öffnen. Zusammen mit den Fachleuten überlegen sie sich Strategien, wie sie entweder ihr Gewicht reduzieren oder sich damit soweit aussöhnen, dass sie das Leben wieder mit Freude und gestiegenem Selbstbewusstsein annehmen können.

Was wir von der Wissenschaft über uns und unsere Kinder lernen können

Wie Kinder und Jugendliche ihre Freunde auswählen

Fühlen Sie sich nicht auch zu manchen Menschen mehr hingezogen als zu anderen? Baker und Daniels machten dazu eine interessante Entdeckung. Je größer die anlagebedingte Ähnlichkeit von Kindern ist, desto ähnlicher sind die Freunde, die sie sich auswählen. Die Freunde, die sich eineiige Zwillinge suchen, ähneln sich mehr als die Freunde, die sich zweieiige Zwillinge auswählen, die sich wiederum ähnlicher sind als die Freunde von Geschwistern. Am wenigsten ähneln sich die Freunde der Kinder einer Adoptivfamilie. Diese Kinder zeigen keinerlei genetische Verwandtschaft, teilen aber die gleiche Familienumwelt. Diese spielt aber offensichtlich bei der Auswahl der Freunde keine wesentliche Rolle. Eigentlich ist dieses Phänomen gar nicht so überraschend. Denn wie Rowe zu Recht bemerkt, „… wählen Geschwister sich ihre Peers (dt.: Freunde) auf der Grundlage passender Persönlichkeitsmerkmale und sozialer Interessen. Da sowohl Persönlichkeitsmerkmale als auch Interessen erblich beeinflusst sind, wählen genetisch ungleiche Geschwister unterschiedliche Peergruppen." (1997, S. 189)

Auch dieser Befund relativiert elterlichen Erziehungseinfluss. Natürlich machen sich Eltern darüber Gedanken, welche Freunde sich ihre Kinder auswählen. Aber Kinder wählen sich ihre Freunde eben nicht einfach rein zufällig aus, sondern fühlen sich auf dem Hintergrund anlagebedingter Ähnlichkeit zu manchen Menschen mehr hingezogen als zu anderen.

Wie Kinder ihre Eltern steuern

Herr und Frau Schneider spielen mit ihren beiden Söhnen, dem achtjährigen Martin und dem sechsjährigen Robert, Karten. Noch am Nachmittag unternahmen sie einen gemeinsamen Ausflug, der allen gut gefiel. Eigentlich sind alle zufrieden und ausgeglichen, und die Stimmung ist entspannt. Wie aus heiterem Himmel verstößt Martin – scheinbar absichtlich – gegen eine Spielregel. Sein Vater ermahnt ihn freundlich, aber bestimmt. Kurz danach muss Martin zufällig eine Strafkarte aufnehmen. Diese beiden Frustrationen sind für ihn zu viel. Unvermittelt wirft er seine Karten auf den Tisch und schreit: „Blödes Kartenspiel – ich mach nicht mehr mit." Beim Aufstehen wirft er noch einige Karten auf den Boden und versucht, Robert die Karten aus der Hand zu reißen. Obwohl die vorher friedliche Stimmung innerhalb von Sekundenbruchteilen zu kippen droht, behalten die Eltern, die solche Szenen mit Martin schon oft erlebt haben, die Nerven. Sie schicken Martin aus dem Zimmer und spielen ohne ihn weiter. Das ist jedoch nur noch kurz möglich, denn Martin hat heimlich einige Spielkarten mit herausgenommen. Blitzschnell hat er sie in seinem Zimmer versteckt. An eine Fortsetzung des Spiels ist jetzt nicht mehr zu denken. Die Eltern wollen Martins Verhalten nicht hinnehmen. Unter Aufsicht seines Vaters muss er die fehlenden Karten suchen. Er holt sie unter Schreien und Heulen, und es dauert sehr lange, bis er alle gefunden hat. Zum Weiterspielen haben Robert und seine Eltern nun mittlerweile keine Lust mehr.

Eine andere Szene aus der gleichen Familie: Frau Schneider backt Weihnachtsbrötchen, und die Kinder helfen. Aus einem etwas zähen Teig müssen sie mit Hilfe von zwei Löffeln kleine Kugeln formen und sie dann auf des Backblech legen. Natürlich will Martin unbedingt helfen: „Das ist einfach", verkündet er. Er versucht erste Kugeln zu formen, was nicht so ganz gelingen will. Deshalb hilft ihm seine Mutter. Robert sitzt daneben und schaut interessiert zu. Wie es scheint, würde auch er gern helfen. Frau Schneider kann aber nicht mit beiden gleichzeitig „backen", darum ist zuerst Martin an der Reihe, der schneller seinen Anspruch angemeldet hat. Robert scheint zu wissen, dass es sinnvoller ist, sich etwas zurückzuhalten. Er wartet ab. Es sind noch keine drei Minuten vergangen, da zeigt Martin bereits deutliche Zeichen von Unlust und Frustration. Es klappt einfach nicht so, wie er es sich vorstellt. Nur einen Moment später wirft er die Löffel in die Teigschüssel und ruft entnervt: „Ich hab keine Lust mehr – blödes Weihnachtsgebäck", rennt aus der Küche und knallt frustriert die Tür zu. Auf diesen Moment hat Robert gewartet. Er nimmt die beiden Löffel und versucht Kugeln zu formen. Auch er merkt, dass es nicht so einfach ist, wie es bei seiner Mutter aussieht. Er probiert es aber immer wieder. Dabei verklebt und verschmiert er sich die Finger. Auch dieses Missgeschick kann ihn nicht beirren. Seine Kugeln haben zwar eher das Aussehen unförmiger Eier, dennoch macht er weiter. Martin kommt herein und ruft: „Wie sehen denn die aus!" Schon ist er wieder draußen, aber Robert ist immer noch bei der Sache. Auf Martins Kritik schaut er nur kurz auf. Man erkennt an seinem Gesichtsausdruck, dass ihn die Kritik trifft, aber die Wirkung dauert nur einen Sekundenbruchteil. Schon konzentriert er sich wieder auf die nächste Kugel. Nach etwa 15 Minuten sagt er zu seiner Mutter: „Jetzt hab ich keine Lust mehr." Seine Mutter lobt ihn: „Das hast du aber schön gemacht." Obschon Robert fast zwei Jahre jünger ist als sein Bruder, zeigt er bereits jetzt ungleich mehr Ausdauer und Frustrationstoleranz.

An einem heißen Sommertag sind Schneiders mit ihren Kindern beim Baden. Die Buben haben bereits ein Eis bekommen, Martin will aber noch ein zweites, und Robert zögert nicht lange und schließt sich seinem Bruder an. Die Mutter sagt: „Nein." Martin versucht es bei seinem Vater. Das gleiche Ergebnis. Jetzt fängt Martin zu toben und zu schreien an: „Ich will ein Eis." Die Eltern bleiben hart. Die Auseinandersetzung geht weiter. Die Mutter versucht, Martin, der immer noch heult, abzulenken. Das will nicht so recht gelingen. Der Vater geht mit Robert zum Sandkasten; er vergisst sein Eis und beginnt zu sandeln. Nicht so Martin. Die Ablenkungsversuche seiner Mutter haben noch nicht viel geholfen. Er heult noch immer. Seine Mutter reagiert jetzt nicht mehr. Nach einigen weiteren Minuten beruhigt er sich etwas. Er will einen Keks essen, was die Mutter erlaubt, sofern er ruhig ist. Jetzt, nachdem gut zehn Minuten vergangen sind, gelingt es dem Jungen, ruhiger zu werden. Er nimmt einen Keks und kann sich von seiner Mutter trösten lassen. Bald darauf kommt ein Junge mit einem Eis vorbei. Sofort erinnert sich Martin an seinen Wunsch. Schon fängt er wieder an: „Ich will ein Eis, nur noch eins", fleht er. Es nützt nichts, seine Mutter bleibt konsequent. Martin kann sich wieder nur schwer beruhigen. Er ist immer noch schlecht gelaunt und angespannt. Sein Bruder hingegen hat den Vorfall längst vergessen. Eine Stunde lang geschieht nichts weiter. Dann fällt Martin wieder sein Eis ein. Wieder versucht er seine Eltern umzustimmen. Mit einem flehenden „du hast es doch versprochen" probiert er es diesmal bei seinem Vater. Robert hingegen bleibt abwartend. Er beobachtet kurz, wie seine Eltern wohl reagieren werden. Als er sieht, dass sein Vater konsequent bleibt, wendet er sich wieder seinen Spielsachen zu. Bei Martin dauert es noch eine ganze Weile, bis er sich endlich beruhigen kann.

Versuchen Sie bitte einmal alles zu vergessen, was Sie über den negativen Einfluss von Eltern im Hinterkopf haben, und sehen Sie die Beispiele einfach so, wie sie hier beschrieben sind. Vielleicht mögen dennoch manche Skeptiker glauben, Schneiders würden Martin zu wenig Grenzen setzen. Diese Überlegung ist wenig überzeugend. Denn dann würde Robert sehr schnell von seinem Bruder lernen und sich ähnlich verhalten. Dies ist aber nicht der Fall. Wir können davon ausgehen, dass Martins Eltern bisher vieles versucht haben, um sein Verhalten zu ändern. Bei seinem Bruder mussten sie diese Bemühungen gar nicht in dem Maße aufwenden, da er anpassungsfähiger und sozialer als sein Bruder ist und mit Enttäuschungen besser umgehen kann.

Warum sollten eigentlich Eltern, die bereits bei einem oder mehreren Kindern ihre Erziehungskompetenz unter Beweis gestellt haben, bei einem anderen ihrer Kinder plötzlich weitgehend erziehungsunfähig erscheinen?

Wenn wir unangemessenes Elternverhalten für Martins Verhalten einmal ausschließen, warum sollen dann nicht Anlagefaktoren dafür mitverantwortlich sein? Haben Sie sich nicht auch schon darüber gewundert, wie verschieden Kinder sind? Sollen diese Unterschiede allein auf Erziehung zurückzuführen sein?

In unserem Beispiel haben wir gesehen, dass Schneiders ihre Kinder unterschiedlich behandeln. Nach den gängigen Erziehungstheorien sollen diese Unterschiede im Elternverhalten für das unterschiedliche Verhalten und die Persönlichkeit der Kinder verantwortlich sein. Erziehung wird dabei als ein relativ einseitiger Prozess verstanden, bei dem die Eltern mittels ihrer Erziehung auf ihre Kinder einwirken. Entsprechend werden die Kinder als relativ passive Empfänger der elterlichen Bemühungen gesehen. Diese Theorien können aber die Frage, warum sich Eltern ihren Kindern gegenüber unterschiedlich verhalten, nicht schlüssig beantworten.

Verhaltensgenetische Untersuchungen legen die Schlussfolgerung nahe, dass Eltern auf die unterschiedlichen Anlagen ihrer Kinder unterschiedlich reagieren, dass also nicht (nur) die Eltern das Verhalten und die Eigenart ihrer Kinder bestimmen, sondern umgekehrt die Kinder durch ihre je eigene Persönlichkeit (auch) das Verhalten der Eltern prägen. Das ist auch sehr sinnvoll. Eltern erspüren nämlich intuitiv, wie verschieden ihre Kinder sind, und behandeln sie dementsprechend unterschiedlich. Das ist richtig und für die Kinder wichtig. Da Kinder mit unterschiedlichen Anlagen, Vorlieben und Bedürfnissen geboren werden, würden ihre Eltern ihnen gar nicht gerecht werden, wenn sie sich allen gegenüber immer gleich verhalten würden. Somit sind anlagebedingte Persönlichkeitsunterschiede der Kinder eng mit dem Erziehungsverhalten ihrer Eltern verflochten.

Die Beispiele der beiden Kinder verdeutlichen uns eindrücklich einen der wichtigsten Befunde der Verhaltensgenetik. Kinder beeinflussen das Verhalten ihrer Eltern in einem weit größerem Ausmaß, als wir bisher unter dem Einfluss psychologischer Erziehungstheorien geglaubt haben. Martin bringt seine Eltern dazu, sich ihm gegenüber vollständig anders zu verhalten als gegenüber seinem Bruder. Immer wieder müssen sie ihn energisch zurechtweisen und sich mit ihm auseinander setzen. Martin seinerseits wird dieses Verhalten seiner Eltern weniger als liebevolle Zuwendung, sondern vielmehr als Einschränkung und Bevormundung erleben. Dadurch entsteht zwischen ihm und seinen Eltern eine ganz andere Beziehung als zwischen Robert und seinen Eltern.

Solange wir das Verhalten unserer Kinder durch eine psychologische Brille sehen, die den Erziehungseinfluss von Eltern einseitig überbetont, verlieren wir die Sicht auf die anlagebedingten Unterschiede unserer Kinder. Als Eltern können Sie Ihren Kindern viel besser gerecht werden, wenn Sie ihre unterschiedlichen Anlagen akzeptieren. Damit stellen Sie Ihre Erziehung auf ein realistisches Fundament.

Haben Sie auch zwei so grundverschiedene Kinder? Dann werden auch Sie sicher schon gespürt haben, dass sie in Ihnen ganz unterschiedliche Reaktionen auslösen. Ist es nicht ungerecht, so fragen sich viele Eltern, wenn dem einen Kind alles leicht fällt, wenn es in der Schule, bei Freunden, beim Sport und anderen Hobbys mehr Anerkennung erhält als sein Bruder, der sich wahrscheinlich viel mehr anstrengt, dem trotzdem alles schwerer fällt, der also für alles mehr Energie aufwenden muss, ohne an die Erfolge seines Bruders heranzukommen.

Dieses Buch hat nicht auf alle Fragen Antworten. Es gibt auf unserer Welt sehr viel Ungerechtigkeit; nicht nur auf der politischen und sozialen Ebene, sondern bereits beim Start ins Leben sind die Güter ungleich verteilt. Auch dieses Buch wird daran nichts ändern. Aber als Eltern können wir überlegen, wie wir darauf am besten reagieren: Martins Eltern zum Beispiel wissen, dass er Robert oft um seine leicht errungenen Erfolge und die damit verbundene Anerkennung beneidet. Manchmal beklagt Martin sich auch bei seiner Mutter darüber. Sie spürt dann selbst, was Martin braucht: ihre Nähe und ihre Anteilnahme. Aber manchmal ertappt sie sich dabei, wie sie etwas überhastet sagt: „Aber Martin, das darfst du nicht so negativ sehen." Aber für Martin sind die vielen kleinen täglichen Misserfolgserlebnisse eben sehr kränkend.

Manchmal gelingt es seiner Mutter, ihm einfach zuzuhören und sich selbst zurückzuhalten. Damit ermöglicht sie ihm, das auszudrücken, was er in seinem Innersten empfindet. Das stellt auch an sie hohe Anforderungen. Denn sie empfindet seinen Schmerz oft fast genauso stark wie er. Um ganz für ihn da zu sein und ihm zuhören zu können, muss sie auch ihre eigene Empfindungen aushalten können. Das gelingt ihr besser, wenn sie sich an eine Vertrauensperson wenden kann, ihren Ehemann oder eine gute Freundin, mit der sie sich über ihre eigenen Empfindungen, Gefühle, Wünsche und Enttäuschungen austauschen kann. Und dann sollte sie wieder an den Punkt kommen, an dem sie sagen kann: „Probleme sind dazu da, sie anzupacken." Denn damit vermittelt sie Martin das Gefühl, dass er zusammen mit seinen Eltern schwierige Situationen angehen und daran wachsen kann.

Wie unterschiedlich Kinder ihre Eltern erleben

Wir kommen jetzt auf den für uns vielleicht wichtigsten Aspekt verhaltensgenetischer Studien zu sprechen, nämlich die Schlussfolgerungen, die Verhaltensgenetiker aus dem Beispiel der beiden Kinder ziehen. Diese stehen im Widerspruch zu unseren bisherigen Vorstellungen über Familie und werfen ein neues Licht auf unsere Einstellung zu Familie, Erziehung und Kindern. Mit dem Begriff Familie verbinden wir gemeinhin etwas Gemeinsames: gemeinschaftliche Erlebnisse, geteilte Erfahrungen und gemeinsame Werte. Die Kinder gleicher Eltern, so die allgemeine Ansicht, erleben zu Hause die gleiche Atmosphäre und Stimmung, die ihre ganz individuelle Familie auszeichnet. Schließlich sollen ihre Eltern sie ja auf ähnliche Art und Weise erziehen. Deshalb sollten sie auch ihre Familie ähnlich erleben und unverwechselbare gemeinsame Erfahrungen miteinander teilen.

Kommen wir auf Martin und Robert zurück. Sicher haben Sie intuitiv gespürt, dass die beiden Kinder ihre Eltern sehr unterschiedlich wahrnehmen. Während Martin seine Eltern eher einschränkend empfindet, wird Robert das Verhältnis zu seinen Eltern als positiv und ungetrübt beschreiben. Diese unterschiedliche Wahrnehmung der beiden Kinder reflektiert das unterschiedliche Erziehungsverhalten ihrer Eltern. Denn Martin bringt im Gegensatz zu Robert seine Eltern täglich mehrmals dazu, sich ihm gegenüber eingrenzend zu verhalten. Wenn wir diesen Gedanken konsequent weiterverfolgen, so sehen wir, dass die Beziehung der Eltern zu ihren Kindern jeweils sehr unterschiedlich ausfällt. Wenn wir zusätzlich davon ausgehen, dass der jüngere Robert immer wieder von Martins Verhalten beeinträchtigt wird, und Robert gleichzeitig seinem Bruder einen Spiegel vorhält, der den Kontrast zwischen den beiden Kindern verstärkt, können wir uns zurecht fragen, was aus Sicht der beiden Kinder das Gemeinsame an ihrer Familie ist. Ein abendliches gemeinsames Spiel, beim Backen helfen, ein Badeausflug, die Art, wie sie ihren Bruder erleben und wie sie ihre Eltern sehen, sind es, wie wir gesehen haben, sicher nicht. Genauso können die beiden jedes andere familiäre Ereignis unterschiedlich erleben, was wiederum die Unterschiede der beiden Kinder verstärkt. Wir können geradezu sagen: Beide Kinder erleben zwei verschiedene Familienwelten.

Das NEAD-Projekt (Nonshared Environment and Adolescent Development, auf Deutsch etwa: Nicht-geteilte Umwelt und Entwicklung Jugendlicher) aus den Jahren 1995 und 1996 stützt diese Betrachtungsweise. David Reiss und seine Kollegen (1996) untersuchten dabei 720 Familien. Diese wurden von den Forschern befragt und gleichzeitig bei einem Gespräch, das Probleme in den Familienbeziehungen thematisierte, mit Video beobachtet. Die Forscher fragten die Kinder danach, wie sie das Verhalten ihrer Eltern wahrnehmen. Und siehe da: Es zeigten sich nur sehr geringe Übereinstimmungen in den Antworten der Kinder, das heißt, die Kinder nehmen ihre Eltern sehr unterschiedlich wahr.

Akzeptanz, Wärme und Wertschätzung gelten als zentrale Größen in der Eltern-Kind-Beziehung. Wie unzählige Studien zeigen, erweist es sich für die Entwicklung von Kindern als äußerst vorteilhaft, wenn ihre Eltern diese Aspekte in ihrer Erziehung verwirklichen. Reiss gelang der Nachweis, dass Kinder der gleichen Familie ihre Eltern in Bezug auf diese Dimensionen als unterschiedlich erleben. Während sich ein Kind zu Hause akzeptiert fühlt, kann sich sein Geschwister abgelehnt fühlen. Anhand der Videoaufnahmen konnten die Wissenschaftler die Aussagen der Kinder bestätigen. Kinder bilden es sich also nicht unbedingt nur ein, wenn sie sich von ihren Eltern abgelehnt fühlen. Dies ist ein zentraler Hinweis für Eltern auf dem Weg zu einer guten Beziehung zu ihren Kindern. Es lohnt sich demnach sehr für Eltern, wenn sie entsprechenden Andeutungen ihrer Kinder nachgehen und sie ernst nehmen, selbst wenn das manchmal nicht so einfach sein mag.

Die jeweils unterschiedlichen Anlagen der Kinder sind möglicherweise auch mit dafür verantwortlich, dass sich die Auswirkungen der erlebten Unterschiede des elterlichen Verhaltens noch potenzieren. Denn es spricht vieles dafür, dass, wenn sich ein Kind wie Martin von seinen Eltern abgelehnt fühlt, er zusätzlich noch weniger in der Lage ist, mit dieser Kränkung umzugehen, als es sein psychisch stabilerer Bruder in der gleichen Situation könnte. Denn Robert würde vielleicht andere Menschen finden, die ihn unterstützen, oder er könnte sich mit seinem Los besser abfinden.

Das unterschiedliche Erleben von Geschwistern beschränkt sich natürlich nicht nur auf die familiäre Umwelt. Wie das NEAD-Projekt zeigen konnte, nehmen Kinder auch die außerfamiliäre Umwelt wie Freunde, Lehrer, bestimmte Lebensereignisse und so weiter unterschiedlich wahr.

Zusammengefasst können wir sagen, dass Kinder auf dem Hintergrund ihrer Anlagen sowohl innerhalb ihrer Familie als auch außerhalb sehr unterschiedliche Erfahrungen sammeln, was wiederum ihre Entwicklung auf ganz unterschiedliche Art beeinflusst. Dadurch werden bereits vorhandene anlagebedingte Unterschiede zwischen den Kindern verstärkt. Offensichtlich erleben Kinder also innerhalb einer Familie gar nicht so viel an Gemeinsamkeiten, wie wir uns vielleicht insgeheim wünschen.

Behandeln Sie ihre Kinder unterschiedlich?

Mit den Erkenntnissen der Verhaltensgenetik sind wir nun in der Lage, einen weiteren wichtigen Aspekt unseres Erziehungsalltags besser zu verstehen. Alle Eltern wissen, dass ihre Erziehung nicht immer gleich gut ankommt. Was beim einen Kind sinnvoll und wirkungsvoll ist, ist es beim anderen gerade nicht. Dies liegt daran, dass die von den Anlagen beeinflussten Persönlichkeitsmerkmale unserer Kinder letztlich darüber mitentscheiden, wie ein Kind unsere Bemühungen aufnimmt. Wir können deshalb nie mit Sicherheit im Voraus wissen, welches Echo unser Verhalten bei unseren Kindern hervorruft.

Nach diesen Erkenntnissen schadet es nicht, wenn Sie Ihre Kinder unterschiedlich behandeln – im Gegenteil. Denn so geben Sie intuitiv die angemessene Antwort auf die unterschiedliche genetische Ausstattung Ihrer Kinder.

Eine der wichtigsten Erkenntnisse aus verhaltensgenetischen Studien ist, dass die Anlagen der Kinder den Erziehungsbemühungen der Eltern Grenzen setzen. Auch bei bester Erziehung kann es zu problematischen Entwicklungsverläufen von Kindern kommen. Dann ist die Umwelt schnell mit übereilten Schuldzuweisungen an die Adresse der Eltern zur Stelle. Dahinter verbirgt sich immer noch ein einseitig mechanistisches Erziehungsverständnis, das Erziehung als plan- und steuerbaren Prozess sieht, das aber unserem heutigen Wissen nicht mehr entspricht.

Wir haben aber auch gesehen, dass Anlage nicht gleich bedeutet, dass Erziehung zur Nebensache degradiert werden kann. Diese Ansicht wäre ein großer Fehler. Wie wir an einigen Beispielen gesehen haben, kann sogar geringer Umwelteinfluss große Auswirkungen haben, wenn wir ihn richtig nutzen.

Machen Eltern ihre Kinder krank?

Im Jahre 2001 befasste sich eine Sendung des Südwestdeutschen Rundfunks mit der Zunahme psychosomatischer Krankheiten bei Kindern, ja sogar schon bei Säuglingen. Hierunter fallen beispielsweise Neurodermitis, Asthma oder anhaltendes Schreien. Der Interviewer wollte wissen, wie es denn überhaupt möglich sei, dass bereits Babys an psychosomatischen Krankheiten leiden. Babys, so der Interviewer weiter, kämen doch mit einer so zarten und makellosen Haut auf die Welt, so wie ein unbeschriebenes Blatt, dass man sich gar nicht vorstellen könne, dass bereits so kleine und hilflose Geschöpfe unter solch schweren Krankheiten leiden müssten. Die Frage, die sich dahinter verbirgt, lautet: Wer hat ihnen das angetan? Sie ahnen die Antwort: Es war hauptsächlich die Mutter. Sie überträgt nämlich, so der Experte, vereinfacht gesagt ihre Nervosität auf das Kind. Das Kind nimmt diese Nervosität auf und wird krank. Der Schwarze Peter ist damit wieder bei den Müttern gelandet – und Mütter, die kranke Kinder haben, müssen sich fragen, wie sie ihre Kinder krankmachen.

Interessant an der Antwort des Experten war, dass er die Metapher vom Neugeborenen als unbeschriebenes Blatt verwendet hat. Dieses Bild, das unsere Vorstellungen lange geprägt hat, suggeriert nämlich wiederum die angeblich alles entscheidende Bedeutung von Umwelt- und Erziehungseinflüssen. Wenn ein Kind als unbeschriebenes Blatt zur Welt kommt, wer soll denn dann dafür verantwortlich sein, was letztlich auf ihm geschrieben steht? Wohl an erster Stelle die Eltern. So romantisch dieses Bild sein mag, mit unseren Kenntnissen aus der Verhaltensgenetik wissen wir jetzt, dass es falsch ist. Denn Babys haben bei ihrer Geburt nicht nur ihre Schwangerschaft als Teil ihrer Biografie bereits hinter sich, sondern sie kommen mit einer ganz individuellen genetischen Ausstattung zur Welt, die ihre weitere Entwicklung deutlich beeinflussen wird.

Natürlich wird niemand bestreiten, dass Mütter auch gereizt und nervös sein können. Manche Mütter sind es mehr als andere. Richtig ist auch, dass Babys feine Antennen für die Gefühle ihrer Eltern besitzen.

Im Jahre 2001 fand der 20. europäische Kongress für Allergologie in Berlin statt. Die dort vorgestellten Befunde zeigen, dass Allergien genetische Aspekte aufweisen. Gene können sogar eine Antwort auf die Frage geben, warum Menschen an unterschiedlichen Allergien erkranken. Es gibt bereits erste Hinweise auf Gene, die, verkürzt gesagt, die allergische Reaktion zu bestimmten Körperteilen hin „dirigieren". Falls dies die Bronchien sind, ist das betroffene Kind anfällig für Asthma, falls dies die Haut ist, ist es anfällig für Neurodermitis.

Die Behauptung, Babys kämen als unbeschriebenes Blatt auf die Welt, das ausschließlich auf seine Umwelt reagiert, kann also die Interaktion, wie sie sich zwischen Mutter und Kind entwickelt, nicht korrekt beschreiben. Im Kapitel „Warum Kinder so verschieden sind" haben wir bereits gesehen, dass Stressanfälligkeit eine genetische Komponente hat und dass sich Babys mit solchen Genen anders verhalten als Babys, die diese Gene nicht aufweisen. Stresssensible Babys reagieren schneller verstimmt und mit stärkerem und länger anhaltendem Schreien. Natürlich sind sie viel schwieriger zu beruhigen. Mit einem Blick erkennen wir jetzt, dass sich für ihre Eltern ein ganz anderer Erziehungsalltag ergibt als für Eltern mit wenig stressanfälligen Kindern.

Eltern und Kinder tragen gemeinsame Gene. Deshalb ist es gar nicht überraschend, wenn stressempfindliche Babys Eltern haben, die ihrerseits nicht so kompetent mit Belastungen umgehen können. Auf diesem Hintergrund kann sich schnell ein negativer Kreislauf zwischen Eltern und Kind entwickeln. Wenn genetisch vorbelastete Eltern genetisch belastete Kinder haben, ist die Situation für beide schwer. Damit Eltern aber ihre Belastung meistern können, brauchen sie konkrete Hilfs-angebote und keine einseitigen und verkürzten Schuldzuwei-sungen.

Fazit

Aus der großen Anzahl verhaltensgenetischer Studien haben Sie einige der wichtigsten kennen gelernt. Sie sind im Vergleich zu Studien aus anderen Zweigen der Psychologie bedeutend umfangreicher und sorgfältiger angelegt. Die hier vorgestellten Ergebnisse sind überwiegend durch mehrere Studien abgesichert, wobei gleichzeitig keine Studien vorhanden sind, die die Ergebnisse stark oder vollständig in Frage stellen. Auch dies ist untypisch für psychologische Studien, da sie häufig widersprüchliche Befunde liefern.

Wir haben gesehen, dass für alle wesentlichen Aspekte unserer Persönlichkeit anlagebedingte Einflüsse vorhanden sind. Die Ergebnisse sind in der Mehrzahl neueren Datums und wurden bisher in der öffentlichen Diskussion weitestgehend vernachlässigt. Wenn genetischer Einfluss vorhanden ist, bedeutet das nicht gleichzeitig, dass Umwelteinflüsse wie Erziehung automatisch bedeutungslos seien. Wir haben sogar Bereiche kennen gelernt, bei denen Umwelteinfluss trotz hohem genetischem Einfluss eine wichtige Rolle spielt. Dennoch setzt unsere Anlage unseren Möglichkeiten und denen der Eltern bestimmte Grenzen.

Eines der wichtigsten Ergebnisse ist, dass Kinder auf Grund ihrer Anlagen ihre Eltern viel mehr beeinflussen als wir bisher dachten. Das bedeutet gleichzeitig, dass es sinnvoll ist, wenn Eltern ihre Kinder unterschiedlich erziehen.

Ein anderes Ergebnis ist, dass Kinder aus der gleichen Familie ihre Familie sehr unterschiedlich wahrnehmen. Auch dafür sind anlagebedingte Einflüsse mit verantwortlich.

Molekulargenetische Studien stehen erst am Anfang. Während verhaltensgenetische Studien Anlageeinflüsse durch statistische Verfahren errechnen, können molekulargenetische

Studien unsere Anlagen direkt erfassen. Die mit ihrer Hilfe erzielten Ergebnisse unterstützen in beeindruckender Weise die durch verhaltensgenetische Studien erzielten Befunde. Für die Zukunft ist zu erwarten, dass molekulargenetische Studien eine Vielzahl an weiteren Belegen für anlagebedingte Einflüsse liefern werden.

TEIL 3: WAS ELTERN TUN KÖNNEN – TIPPS, BEISPIELE, EIGENE SCHRITTE

Aus verhaltensgenetischen Studien lassen sich nur bedingt Hinweise für die Erziehung ableiten. Einige Konsequenzen wurden oben aber bereits berührt.

Erziehen Eltern schlecht?

Seit vielen Jahren untersucht die Shell-Studie in regelmäßigen Abständen die Lebensbedingungen von Familien: Eltern, Kindern und Jugendlichen in Deutschland. Die Studie aus dem Jahr 2000 erbrachte einen Befund, der selbst die Wissenschaftler überraschte. Im Gegensatz zu früher nehmen nämlich heranwachsende Kinder ihre Eltern immer stärker als Vertrauensperson wahr. Während sich früher Jugendliche darüber beklagten, wie streng sie erzogen wurden, möchten sie heute sogar ihre Kinder so erziehen, wie sie selbst erzogen wurden. Von der noch in den sechziger und siebziger Jahren üblichen radikalen Abwehr elterlicher Normvorstellungen ist nicht mehr viel vorhanden.

Wie ist dies möglich? Ganz einfach: Viele Eltern sind offensichtlich in der Lage, ihre Kinder anders zu erziehen, als sie es selbst erlebt haben. Sie zeigen heute mehr Wertschätzung gegenüber ihren Kindern als früher, als noch Strenge und Gehorsam die elterlichen Erziehungsvorstellungen dominierten. Die Jugendlichen erleben ihre Eltern sogar „als Partner, die sich viel Mühe geben, sie zu unterstützen und zu beraten" (Münchmeier 2000, S. 131). Und die Studie des Siegener Zentrums für Kindheit-, Jugend- und Biografieforschung über die erste Jugendgeneration des neuen Jahrtausends, die 8000 Jugendliche interviewte, fand heraus: Das Verhältnis der Jugendlichen zu ihren Eltern ist durchweg gut. Jugendliche bezeichnen ihre Eltern heute sogar als die für sie wichtigsten Menschen auf der Welt. Ein größeres Kompliment können sie ihren Eltern gar nicht machen (Zinnecker 2002).

Dies war noch vor 30 Jahren völlig anders. Vermutlich erinnern Sie sich noch an Ihre eigenen Ablösungskonflikte mit Ihren Eltern. Ablösung konnte damals von der überwiegenden

Mehrzahl der Jugendlichen nur im krassen Konflikt zu den eigenen Eltern gedacht und gelebt werden. Im Gegensatz dazu geschieht heute die Ablösung geradezu in Absprache mit den eigenen Eltern. Jugendliche beziehen ihre Eltern als Vertrauensperson in ihre Ablösungs- und Pubertätsprobleme mit ein, was voraussetzt, dass sie sich von ihren Eltern unterstützt und verstanden fühlen.

Diese Ergebnisse sind für uns sehr wichtig. Denn sie zeigen, dass wir als Eltern in der Lage sind, unsere selbst erlebten Erziehungserfahrungen zu überdenken und entsprechend umzusteuern. Die Erziehung, die wir als Kinder erlebt haben, legt nicht für alle Zeiten unser eigenes Erziehungsverhalten unveränderbar fest. Vermutlich ist sogar das Gegenteil der Fall: Wenn Eltern ihre eigene Erziehung als ungünstig erlebt haben, erziehen sie bewusst anders, als sie selbst erzogen wurden. Sie wiederholen gerade nicht blind das Erziehungsverhalten ihrer Eltern, das sie negativ erlebt haben, sondern sie setzen sich neue Erziehungsziele, die sie umsetzen wollen.

Eltern orientieren sich heute an hochstehenden Erziehungszielen. „Nicht der egoistische Individualist, der sich in der Ellenbogengesellschaft durchzusetzen versteht, schwebt den Eltern als Erziehungsziel vor, sondern ein selbstbewusster, persönlichkeitsstarker, aber gleichzeitig kooperativer Mensch, der verantwortungsbewusst von seinen Rechten Gebrauch macht und seine Pflichten erfüllt sowie Verständnis für den Mitmenschen aufzubringen vermag." (Dannenberg 1990, S. 7)

Eine weitere wichtige und große Studie, die im Jahre 2001 veröffentlicht wurde, stammt aus dem renommierten Münchner „Staatsinstitut für Frühpädagogik" unter der Leitung von Professor Wassilios Fthenakis. Im Blickpunkt standen diesmal die Väter. Ihnen ist es gelungen, ihre traditionelle Rolle so weit umzugestalten, dass sogar die Familienministerin Christine Bergmann zu Recht stolz verkündete: „Es gibt eine neue Väter-Generation." Das für uns wichtigste Ergebnis dieser Studie ist, dass es vielen Vätern gelungen ist, eigene schlechte

Erfahrungen in ihrer Kindheit zu überwinden. Wer selbst schlechte Erfahrungen mit seinem Vater gemacht hat, so eine wichtige Beobachtung dieser Studie, erzieht seine Kinder bewusst anders, weil er es besser machen möchte.

Alle drei Studien stellen nicht nur einer großen Zahl an Eltern ein hervorragendes Zeugnis aus, so dass man sagen möchte: „Machen Sie so weiter." Sie bestätigen eindrücklich, wie begrenzt Kindheitseinfluss sein kann, und dass wir bewusst gegensteuern können. Selbst wenn wir von unseren eigenen Eltern auf eine bestimmte Art und Weise erzogen wurden, sind wir als Erwachsene später durchaus in der Lage es anders zu machen. Wir haben es überwiegend selbst in der Hand, wie wir unsere Kinder erziehen. Fast alle Eltern wollen gute Eltern sein, und diese drei großen Studien zeigen: Den meisten Eltern gelingt das auch.

TIPP 1:

Achten Sie darauf, wenn Ihr Kind sich Ihnen anvertraut und Ihre Nähe und Zuneigung sucht.

So stärken Sie das Vertrauen Ihrer Kinder und bekommen ein Gespür für die positive Dynamik, die in der Beziehung zwischen den Mitgliedern Ihrer Familie wirkt.

Beispiele:

- Ihr Kind erzählt Ihnen aus der Schule oder dem Kindergarten.
- Ihr jugendlicher Sohn berichtet Ihnen, dass er Streit mit seiner Freundin hat.
- Ihre jugendliche Tochter fragt Sie, was sie auf die Party anziehen soll.
- Ihr fünfjähriger Sohn gibt Ihnen spontan einen Kuss.
- Ihr Sohn spricht Sie auf den bereits vor Wochen stattgefundenen Tod seines Lieblingstieres an.
- Ihre siebenjährige Tochter wünscht, dass Sie sich abends zu ihr ans Bett setzen.
- Ihr Zwölfjähriger berichtet, dass er mit seiner Mannschaft im Fußball verloren hat.
- Ihre 15-jährige Tochter erzählt Ihnen, dass sie ihr Handy verloren hat.
- Ihr Sohn informiert Sie über eine schlechte Klassenarbeit.
- Ihre jugendliche Tochter möchte mit Ihnen ein Eis essen gehen.
- Ihr Vierjähriger möchte, dass Sie ihn auf den Arm nehmen.

Eigene Beispiele:

....
....
....
....

Was Kindern hilft – Schutzfaktoren

Kennen Sie die Stärken Ihres Kindes?

Die Shell-Studie ist noch aus einem weiteren Grund für uns wichtig, denn sie benennt Schutzfaktoren, die die Entwicklung der Kinder besonders unterstützen.

Aus einer Reihe an Faktoren, die die Wissenschaftler untersuchten, stellte sich als besonders wichtig heraus: Je zuversichtlicher Eltern sind, dass ihre Kinder die Herausforderungen des Alltags meistern, desto mehr fördern sie damit die Entwicklung ihrer Kinder.

Was bedeutet dies in der Praxis? Machen Sie sich, wenn möglich gemeinsam mit Ihrem Partner, auf die Suche nach allem, was Ihre Kinder gut können und was ihnen dabei hilft, in ihrem Leben besser zurecht zu kommen. Gemeinsam werden Sie mehr entdecken, als wenn Sie allein suchen. Tauschen Sie sich über Ihre Beobachtungen mit Ihrem Partner aus und teilen Sie sie Ihren Kinder deutlich mit. Da es ein unendlich großes Feld an Möglichkeiten gibt, wo Kinder Stärken haben können, öffnen Sie den Fokus Ihrer Aufmerksamkeit so weit wie möglich. Einige Beispiele mögen Sie bei Ihrer Entdeckungsreise nach den Stärken Ihres Kindes anregen: Manche Kinder sind sportlich, geschickt, witzig, sozial, ordentlich, finden schnell Freunde, kommen mit Erwachsenen gut aus, sind humorvoll, intelligent, können gut lesen, rechnen, turnen, kochen, handwerken, basteln, sind anhänglich, sind selbstständig, können sich gut mitteilen, sind rücksichtsvoll und einfühlsam, können sich gut allein beschäftigen, sind musikalisch, flink, gewandt, besitzen eine rege Fantasie, nehmen Schwächere in Schutz, haben ein ausgeprägtes Gerechtigkeitsempfinden, sind tierlieb, neugierig, usw. usw. Es gibt mit

Sicherheit viel mehr Möglichkeiten als Sie auf den ersten Blick glauben. Versuchen Sie so viele wie möglich davon zu entdecken. Und teilen Sie dann Ihrem Kind mit, was es gut kann. Suchen Sie sich dafür einen ruhigen Moment aus, in dem Sie gut auf Ihr Kind eingehen können. Lassen Sie dies zu Ihrer Gewohnheit werden.

TIPP 2:

Achten Sie auf das, was Ihr Kind gut kann.

Beispiele:
Beachten Sie dazu die Beispiele in diesem Kapitel, und lassen Sie sich von ihnen bei der Suche nach weiteren Stärken Ihres Kindes anregen

Eigene Beispiele:
....
....
....
....
....
....

Wissen Sie, wie selbstständig Ihr Kind ist?

Unser Selbstvertrauen wächst in dem Maße, wie es uns gelingt, Herausforderungen zu überwinden und aus Fehlschlägen zu lernen. Räumen Sie deshalb Ihren Kindern nicht alles aus dem Weg. Unsere Kinder müssen auch Fehlschläge erleben, um daraus lernen zu können. Misserfolgserlebnisse sind Teil des Lebens und eine der wichtigsten Triebfedern, damit wir uns bemühen, es das nächste Mal besser zu machen. Deshalb müssen Kinder eigene Erfahrungen sammeln, die auch unangenehm, hart und schmerzhaft sein können. Negative Erfahrungen schädigen nicht automatisch die Psyche der Kinder, wenn sie sich von ihren Eltern grundsätzlich angenommen und unterstützt fühlen. Dann sind sie sogar oft der Ausgangspunkt für Lernen und Wachstum.

Unterstützen Sie Ihre Kinder mit Ihrem Trost und Ihrer Ermutigung, wenn es mal wieder nicht wie gewünscht gelaufen ist. Erklären Sie Ihren Kindern, dass Schwierigkeiten dazu da sind, um sie zu überwinden. Lassen Sie Ihr Kind spüren, dass Sie davon überzeugt sind, dass es weitere Fortschritte erzielen wird, wenn es sich darum bemüht. Sie helfen damit Ihren Kindern zu wachsen und stark zu werden. Machen Sie sich klar, welche Schwierigkeiten Sie selbst überwunden haben, und was Sie daraus gelernt haben. Manchen Menschen fällt diese Übung schwer. Dann kann es hilfreich sein, wenn Sie für sich schriftlich dokumentieren, wie es Ihnen gelingt, Schwierigkeiten zu überwinden, und was Sie in dieser Hinsicht bereits erreicht haben. Das hilft Ihnen dabei, Schwierigkeiten als Herausforderungen zu sehen, die Sie meistern können. Damit sind Sie ein Vorbild für Ihr Kind, an dem es sich orientieren kann. Achten Sie darauf, dass Kinder lebenstüchtiger sind, als die meisten Eltern glauben.

Es lohnt sich, Situationen zu beobachten, in denen Ihr Kind eine Herausforderung, vielleicht sogar ganz selbstständig und ohne Ihre Hilfe, gemeistert hat, beispielsweise, wenn es sich selbst beruhigt und wieder aufsteht, nachdem es hingefallen ist, wenn es sich nach einem Streit mit seinem Geschwister wieder mit ihm versöhnt oder wenn es nach einer schlechten Note trotzdem weiterlernt. Wenn Sie solche Ereignisse systematisch in einem Tagebuch notieren, erhalten Sie ein einzigartiges Dokument, das Ihnen zeigt, wie Ihr Kind Hindernisse überwindet. Dokumentieren Sie aber nicht nur die besonderen Ereignisse, sondern gerade die Vielzahl der kleinen Schritte, die die richtige Richtung markieren. Das ist zwar eine etwas aufwändige Prozedur, sie lenkt aber wie kaum eine andere auch Ihre Aufmerksamkeit konsequent in die richtige Richtung. Schriftliche Dokumentationen sind am besten über einen längeren Zeitraum hinweg angelegt. Dabei müssen Sie nicht täglich notieren, sondern beispielsweise eine Woche pro Monat, oder jeden zweiten Tag.

TIPP 3:

Achten Sie darauf, wie Ihr Kind Hindernisse überwindet

Beispiele:

- Ihre 15-jährige Tochter hat im Volleyball ein wichtiges Spiel verloren ..., sie geht aber wieder ins nächste Training.
- Ihre vierjährige Tochter fällt vom Fahrrad ... und steht von allein wieder auf.
- Ihre 13-jährige Tochter hat einen heftigen Streit mit ihrer besten Freundin ... ruft sie aber am nächsten Tag von sich aus wieder an.
- Ihr 12-jähriger macht die Hausaufgaben, obwohl er dazu keine Lust hat.
- Ihr Fünfjähriger hat im „Mensch ärgere dich nicht" verloren ... beruhigt sich aber wieder von allein.
- Ihre siebenjährige Tochter kommt neu in die Schule ... und lernt dort eine neue Freundin kennen.
- Ihr neunjähriger Sohn kommt mit seinem Lehrer nicht so gut aus ... er strengt sich aber trotzdem an, um in der Schule weiter zu kommen.
- Ihr Vierjähriger hat abends Angst vor Gespenstern ... beruhigt sich aber wieder, als er seine Lieblingskassette hört.

Eigene Beispiele:

....

....

....

....

....

....

TIPP 4:

Setzen Sie Zwischenziele

Wenn Ihr Kind ein Hindernis nicht gleich überwindet, so ist das durchaus normal. Ein echtes Hindernis können wir nicht einfach im ersten Anlauf schnell und locker nehmen. Als Konsequenz sind wir deshalb enttäuscht und verärgert. Jetzt stellt sich uns die Aufgabe, diese Gefühle zu überwinden. Das ist nicht einfach und kann längere Zeit in Anspruch nehmen – sowohl bei Erwachsenen als auch bei Kindern. Es kommt nicht darauf an, dass Ihr Kind möglichst nie enttäuscht oder frustriert ist, vielmehr besteht eines der wichtigsten Erziehungsziele darin, dass Ihr Kind lernt, mit Enttäuschungen konstruktiv umzugehen. Wenn Ihr Kind also aufgeben oder Sie möglicherweise sogar mit Tränen dazu verführen will, ihm seine Aufgabe abzunehmen, halten Sie inne und überlegen Sie, ob Ihr Kind nicht vielleicht doch in der Lage ist, das Problem selbst zu bewältigen. Dazu müssen Sie ihm vielleicht dabei helfen, das Hindernis in kleinere und realistischere Zwischenziele zu zerlegen. Vergessen Sie aber nicht, dass es zunächst sehr enttäuschend ist, wenn man nicht wie gewünscht weiterkommt.

TIPP 5:

Fördern Sie die Problemlösekompetenz Ihres Kindes

Wenn Ihnen Ihr Kind davon berichtet, dass es mit seiner Freundin gestritten hat, auf den Lehrer wütend ist, sich über die blöden Hausaufgaben ärgert, abends Angst vor Gespenstern hat und ähnliches, brauchen Sie ihm nicht sofort mit Ratschlägen zu helfen. Im Gegenteil: Nutzen Sie den Spannungszustand, in dem sich Ihr Kind befindet, kreativ, indem Sie Ihrem Kind Fragen stellen wie z.B.: „Du hast mir jetzt von einer ganz schwierigen Situation berichtet.

- Weißt du schon, was du tun kannst, damit es wieder besser für dich wird?
- Hast du schon eine Idee, was du tun könntest, um weiterzukommen?"

Interessieren Sie sich für jeden Vorschlag Ihres Kindes, auch wenn viele Vorschläge zunächst unrealistisch erscheinen. Das ist bei Kindern normal. Lassen Sie auch diese unrealistischen Vorschläge einfach einmal stehen. Achten Sie stattdessen darauf, dass Ihr Kind dabei ist, nach eigenen Lösungen zu suchen. Nehmen Sie möglichenfalls das Gespräch zu einem späteren Zeitpunkt nochmals auf. Beachten Sie, dass die Situation für Ihr Kind ein Hindernis bedeutet. Und wie Sie wissen, braucht es in der Regel länger, bis wir ein Hindernis genommen haben.

Welche Gefühle bestimmen Ihre Beziehung zu Ihrem Kind?

Natürlich lösen Kinder in uns viele Gefühle aus. Wir sind besorgt, wenn unsere Kinder in der Schule schlechte Noten schreiben oder viel mit anderen streiten, wir sind ungeduldig, wenn sie gerade dann trödeln, wenn wir in Eile sind, wir ärgern uns darüber, wenn sie „ungeschickt" sind und den warmen Kakao über die frische Tischdecke verschütten, wenn sie sich wieder mit ihrem Geschwister streiten, ihre Sachen nicht aufräumen wollen, oder abends nicht ins Bett wollen und vieles mehr.

Diese Gefühle sind gut nachvollziehbar. Wir alle kennen sie. Sie gehören zu unserem Alltag wie die Luft, die wir atmen. Wenn Eltern diese Gefühle nicht hätten, wären sie eher Maschinen als Eltern. In der Regel dauern sie auch nur für eine begrenzte Zeit an. Es schadet Kindern nicht, wenn sie erleben, dass ihre Eltern kurzzeitig ärgerlich, nervös, ungeduldig oder unzufrieden mit ihnen sind. Sie lernen dadurch Gefühle bei anderen zu erkennen und sich darauf einzustellen. Dies ist wichtig für sie, weil sie als Erwachsene ihre eigene emotionale Reaktion immer wieder auf die ihrer Mitmenschen einstellen müssen.

Im Teil 2 dieses Buches haben wir aber auch gesehen, wie schwierig Erziehung in Abhängigkeit von den Anlagen unserer Kinder sein kann. Mit Fug und Recht können wir sagen, dass Erziehung manchmal Schwerstarbeit ist: Ist es nicht nachvollziehbar, wenn Schneiders über das provozierende und oppositionelle Verhalten von Martin verärgert sind und sich von ihm gereizt oder angegriffen fühlen? Ist es verwunderlich, wenn die Mutter der schüchternen Valerie daran zweifelt, ob Valerie jemals allein zurecht kommt und sich gegenüber ihren Spielkameraden wird durchsetzen können? Und dass sie deshalb manchmal resigniert oder verzweifelt, wenn ihre Tochter keine Fortschritte zu machen scheint? Ist es nicht verständlich, dass aggressive Kinder bei ihren Eltern Aggressionen oder Hilflosigkeit auslösen? Oder depressive Kinder bei ihren Eltern Resignation?

Kinder mit stark ausgeprägtem oppositionellen Verhalten provozieren ihre Eltern mehr als kooperative Kinder, ängstliche oder depressive Kinder lösen bei ihren Eltern mehr Besorgnis aus als psychisch robuste Kinder, aggressive Kinder mehr Verärgerung, Wut oder Hilflosigkeit als zufriedene Kinder.

Wenn negative Gefühle der Eltern über einen längeren Zeitraum der Beziehung zu ihren Kindern im Wege stehen, ist dies aus zwei Gründen ungünstig. Zum einen betrüben sie das Verhältnis zum Kind, und es fällt den Eltern immer schwerer, unvoreingenommen mit ihrem Kind umzugehen. Negative Gefühle können mit der Zeit auf die gesamte Beziehung zum Kind ausstrahlen. Am Ende dieses oft schleichenden Prozesses kann das Eltern-Kind-Verhältnis insgesamt negativ gefärbt sein. Zum anderen wird es für die Eltern schwerer, ohnehin schon schwierige Erziehungsanforderungen angemessen bewältigen zu können, da ihnen die dafür nötige innere Ruhe, Gelassenheit und Klarheit fehlt. Wenn ängstliche Kinder auf ängstliche und überbesorgte Eltern treffen oder aggressive Kinder auf Eltern, die sich selbst schnell ärgern und aggressiv werden, dann erschweren es diese Gefühle den Eltern, schwierige Situation kompetent anzugehen. Die Kinder spüren nämlich die fehlende Entschlossenheit und mangelnde Souveränität der Eltern und reagieren darauf ungünstig.

Im Umgang mit negativen Gefühlen neigen viele von uns gerade zum Falschen: Nämlich sie lieber gar nicht wahrhaben wollen. Das ist verständlich, verhindert aber, dass wir uns konstruktiv mit ihnen auseinander setzen können.

Der erste, schwierigste und wichtigste Schritt besteht deshalb darin, diese Gefühle sich selbst gegenüber einzugestehen. Für manche Eltern ist das schwer, weil sie meinen, ihren Kindern gegenüber nur positive Empfindungen haben zu dürfen. Negative Gefühle, so eine verbreitete Ansicht, sollten in einer guten Beziehung möglichst nie vorkommen. Wir hören täglich, wie wichtig eine gute emotionale Beziehung zu unseren Kindern ist. Und Eltern spüren intuitiv, dass diese Aussage grundsätzlich richtig ist. Viele Eltern fühlen sich demzufolge als schlechte Eltern, wenn sie negative Gefühle bei sich wahrnehmen: Sie meinen, diese dürften in einer guten Beziehung nicht vorkommen, weil sie die Entwicklung ihrer Kinder behindern. In Wirklichkeit aber machen Eltern, wenn sie diese Gefühle zulassen, eine sehr wichtige Entdeckung: Sie spüren, dass es ihnen schwer fällt, bestimmte Verhaltensweisen, Wesenszüge oder Eigenheiten ihrer Kinder anzunehmen. Erst das öffnet die Tür zur Veränderung.

In Teil 2 dieses Buches haben Sie die wichtigsten Ergebnisse verhaltensgenetischer Studien kennen gelernt. Wir haben gesehen, wie unterschiedlich Kinder sind und dass alle herausragenden Aspekte unserer Persönlichkeit zum Teil sogar erhebliche anlagebedingte Anteile aufweisen. Dieses Wissen ist für uns deshalb wichtig, weil es uns dabei hilft, die Besonderheiten unserer Kinder besser zu verstehen, sie zu akzeptieren und ihnen gerecht zu werden. Weder ängstliche oder gehemmte Kinder wie Valerie noch Kinder mit oppositionellem Verhalten wie Martin wollen ihre Eltern bewusst provozieren, sondern es gelingt ihnen weniger als anderen Kindern, sich selbst zu steuern. Diese Kinder können weniger gut mit negativen Gefühlen bei sich selbst umgehen. Ihr Verhalten ist nicht absichtlich gegen die Eltern gerichtet, es ist vielmehr ein unangemessener Versuch, starke Gefühle zu verarbeiten. Deshalb brauchen die Eltern das Verhalten ihrer Kinder auch nicht als persönlichen Angriff zu sehen. Grundsätzlich wollen Kinder mit ihren Eltern gut auskommen. Auch dafür könnten Anlageaspekte verantwortlich sein, denn entwicklungsgeschichtlich gesehen erhöhen Kinder damit ihre Überlebensmöglichkeiten.

TIPP 6:

Lassen Sie auch negative Gefühle in der Beziehung zu Ihrem Kind zu

Es gibt eine Vielzahl an Möglichkeiten, sich seiner Gefühle bewusster zu werden, um dann erfolgreich gegensteuern zu können. Diese können hier nicht alle aufgezählt werden, da sie den Rahmen dieses Buches sprengen würden. Der Austausch mit anderen Menschen, Meditation oder schriftliche Aufzeichnungen sind für viele der erste Schritt in diese Richtung. Die Zusammenarbeit mit außenstehenden Fachleuten, zum Beispiel in den Erziehungsberatungsstellen, ist eine weitere wichtige Möglichkeit.

Beispiele für negative Gefühle:

- Zorn: bei Familie Schneider, wenn Martin beim Spielen einfach die Karten auf den Tisch schmeißt.
- Resignation: bei der Mutter von Valerie, wenn ihre Tochter es auf Grund ihrer Ängstlichkeit kaum schafft, mit andern Kindern Kontakt aufzunehmen.
- Ärger: Wenn Ihre Tochter trotz schlechter Noten ihren schulischen Arbeitseinsatz nicht erhöht.
- Aggression: Wenn Ihre Kinder einfach nicht aufräumen wollen.

Für Sie zum Üben: Beschreiben Sie hier Ihre negativen Gefühle und die jeweils dazugehörige Situation:

....
....
....
....
....
....
....

TIPP 7:

Bearbeiten Sie in einem zweiten Schritt Ihre Gefühle anhand der folgenden Fragen:

- Bringt Sie Ihr Gefühl in der Beziehung zu Ihrem Kind weiter?
- Hilft es Ihnen dabei, die Situation besser zu bewältigen?
- Fühlen Sie sich selbst wohl, wenn Sie Ihrem Gefühl nachgeben?
- Würde es eine Ihnen vertraute Person positiv einschätzen, wenn Sie diesem Gefühl nachgeben?

Wenn Sie alle vier Fragen mit einem „nein" beantworten müssen, sollten Sie ernsthaft überlegen, wie Sie am besten eine Veränderung einleiten. Dazu müssen Sie in den meisten Fällen Ihre Haltung und Ihr Verhalten ändern. Beachten Sie dazu besonders unten Tipp 11 und Tipp 13 (S. 149f., 156f.)

TIPP 8:

Wie Sie mit Ihrem Ärger und Ihren Enttäuschungen konstruktiv umgehen können

Sie sollten sich nicht vornehmen, möglichst nie über Ihr Kind verärgert oder enttäuscht zu sein, denn diese Gefühle gehören zum Zusammenleben dazu. Allerdings profitieren Sie und Ihr Kind davon, wenn Sie lernen, mit diesen Gefühlen umzugehen. Versuchen Sie sich deshalb als erstes diese Gefühle bewusst zuzugestehen. Gegen Ärger und Enttäuschung hilft dann vielleicht eine der folgenden Möglichkeiten. Nicht alle sind für jeden passend – suchen Sie sich bitte diejenigen für sich heraus, die Ihnen am meisten zusagen.

Beispiele:

- Telefonieren Sie mit einer Person, die Ihnen verständnisvoll zuhört.
- Gehen Sie mit Ihrem Hund spazieren. Ihm können Sie alles anvertrauen.
- Schreiben Sie den Vorfall in Ihrem Tagebuch auf.
- Nehmen Sie sich für den Abend oder das Wochenende etwas vor, was Ihnen besonders gut tut, wie beispielsweise ein Konzert besuchen, mit einer Freundin zum Essen gehen, eine CD hören, ein Buch lesen oder ein Bad nehmen.
- Treiben Sie leichten Sport, um Ärger und Enttäuschung zu vertreiben.
- Machen Sie sich die positiven Seiten Ihres Kindes bewusst (siehe Tipp 2).
- Erstellen Sie in einer ruhigen Stunde eine Liste von Tätigkeiten, die Ihnen bei der Überwindung von Ärger und Enttäuschungen helfen. Diese Liste sollten Sie für alle Fälle immer bei der Hand haben.

Eigene Beispiele:

....

....

....

....

....

Aufrichtigkeit, Selbstkritik und Klarheit: Vom Umgang mit Macht in der Erziehung

Wenn es um ihre Kinder geht, denken Eltern daran, was sie an ihnen mögen, was sie gut und nicht so gut können, was im Zusammenleben mit ihnen schön und weniger schön ist und vieles mehr. An Macht denken sie nicht. Dabei ist Macht ein zentraler Aspekt der Eltern-Kind-Beziehung, denn Eltern haben so viel Macht über ihre Kinder, besonders natürlich wenn sie noch klein sind, dass sogar deren physisches Überleben buchstäblich von den Eltern abhängt. Dem widerspricht nicht, dass sich viele Eltern ihren Kindern gegenüber oft machtlos fühlen.

Wer über Macht verfügt, ist der großen Gefahr ausgeliefert, sie unangemessen anzuwenden. Darum wird gesellschaftliche Macht, wie beispielsweise diejenige eines demokratischen Staates, von Kontrollinstanzen flankiert, die Machtmissbrauch verhindern sollen. Eltern steht keine solche Kontrollinstanz zur Seite. Deshalb ergibt sich aus ihrer Machtposition eine ganz besonders große Verantwortung gegenüber ihren Kindern, die den meisten Eltern bewusst ist.

In den nord- und mitteleuropäischen Ländern ist es gesetzlich verboten, Machtmittel wie beispielsweise Schlagen anzuwenden. Dies war noch vor einer oder zwei Generationen anders. Neben physischer Macht existieren jedoch eine Reihe psychischer Machtmittel wie Lächerlichmachen, Herabsetzen, persönlich verletzende Kritik oder Beschämung und verbale Angriffe, die die Würde des Kindes verletzen. Wenn wir auch oben gesehen haben, dass derartige Erziehungsmaßnahmen nicht automatisch zu einer dauerhaften Traumatisierung eines Kindes führen, so hat doch die Anwendung von psychischer Macht einen hohen Preis: Wenn ein Kind durch Worte lächerlich gemacht oder herabgesetzt wird, entstehen in ihm Gefühle der Wut, Aggression, Verzweiflung oder Hilflosigkeit. Wut und Aggression versucht es nach außen gegen andere, beispielsweise jüngere Geschwister zu richten. Verzweiflung, Hilflosigkeit und Enttäuschung richtet es eher nach innen, gegen sich selbst.

Physische und psychische Gewalt führt zu einem Oberflächengehorsam, bei dem das Kind zwar den Forderungen seiner Eltern nachkommt, aber eher aus Angst als aus Einsicht. Angst oder Wut verhindern aber, dass ein Kind Werte verinnerlicht. Ist die Strafinstanz nicht anwesend, hält sich das Kind nicht mehr an die vereinbarten Regeln.

Die Beziehung zum Kind verschlechtert sich. Ein Kind, das immer wieder psychisch verletzt wird, beginnt mit der Zeit, sich innerlich von seinen Eltern zu entfernen. Aus Angst und um sich selbst zu schützen, verschließt es sich schließlich immer mehr.

Das Kind wird von starken Emotionen wie Selbstzweifel, Angst oder Wut übermannt, was dazu führt, dass es seine Zeit und Energie mit der Verarbeitung dieser Gefühle zubringen muss. Die gebundene Energie fehlt ihm bei der Entwicklung seiner Persönlichkeit. Es kann sich nicht mehr frei entfalten und entwickelt keine eigene Meinung oder verbirgt sie.

All dies spüren Eltern natürlich intuitiv selbst. Sie lieben ihre Kinder oder sehnen sich danach sie zu lieben, und wollen sie nicht herabsetzen, kränken oder verletzen. Dennoch beobachten sie sich manchmal dabei, wie sie solche Machtmittel einsetzen, und fragen sich innerlich aufgewühlt, warum sie sich so verhalten, wie sie es eigentlich gar nicht möchten.

Im vorigen Kapitel haben wir gesehen, dass Kinder bei ihren Eltern, besonders auch auf dem Hintergrund ihrer Anlagen, intensive Gefühle auslösen können. Vor allem starke Wut, Enttäuschung und Hilflosigkeit können dazu führen, dass wir von unseren Gefühlen überflutet werden und die Kontrolle über uns verlieren. Wir befinden uns dann in einem Risikozustand, in dem die Gefahr, zu Machtmitteln zu greifen, besonders groß ist. Eltern wenden Macht nicht deshalb an, weil sie ihre Kinder schädigen wollen, wie manchmal unsinnigerweise behauptet wird, sondern weil sie die Kontrolle über sich verlieren.

Bevor es aber dazu kommt, schaukelt sich ein komplexer Prozess auf. Dabei müssen wir berücksichtigen, dass Erziehung angesichts der Vielzahl der daran beteiligten Faktoren nicht vorhersehbar und planbar ist. Kinder reagieren nicht immer gleich. Tagesschwankungen, individuelle Vorlieben und Abneigungen, vorhergehende positive oder negative Erlebnisse, Müdigkeit, ihre besonderen Anlagen, ihre aktuelle Beziehung zu ihren Eltern – all dies und vieles mehr beeinflusst ihr Verhalten.

Die angemessene Bewältigung schwieriger Erziehungssituationen erfordert also oft umfassendes Expertenwissen, das Eltern nicht unbedingt automatisch zur Verfügung steht. Denn im Vergleich zu Experten, die auf anderen Gebieten tätig sind, sind sie wenig ausgebildet. Dieser Ausbildungsmangel fällt besonders dann ins Gewicht, wenn ihnen keine Vorbilder beispielsweise in Form ihrer eigenen Eltern zur Verfügung stehen, die ihnen mit Rat und Tat beiseite stehen könnten. So sind viele Eltern in schwierigsten Situationen auf sich allein gestellt, was leicht Gefühle der Ohnmacht hervorruft. Dann nimmt plötzlich die Gefahr, Macht unangemessen einzusetzen, von einem Moment auf den anderen schlagartig zu.

Als Frau Fischer zu mir kam, war sie zerknirscht und zweifelte an ihren Fähigkeiten als Mutter. Denn immer wieder ertappte sie sich dabei, dass sie sich ihrem fünfjährigen Sohn Marc gegenüber so verhielt, wie sie es gar nicht wollte. Er hatte eine bestimmte Art, Bitten und Anweisungen seiner Mutter zu ignorieren, mit der sie nicht umgehen konnte. „Ach was, mach es doch selbst", konnte er in abfälligem Ton sagen, selbst wenn sie ihn nur darum bat, seine Kleider aus dem Wohnzimmer zu räumen. Das machte sie wütend, und das ließ sie ihn, gegen ihren Willen, immer wieder spüren, indem sie ihn abwertete und demütigte. Sie fragte sich beunruhigt, ob sie damit nicht auch sein Selbstvertrauen schädigen könnte.

Frau Fischer wollte ruhiger und angemessener auf Marc reagieren. Das hatte sie sich natürlich schon oft vorgenommen, aber sie konnte ihren Vorsatz bisher immer nur kurze Zeit durchhalten. Mit Hilfe eines außenstehenden Fachmanns hoffte sie weiter zu kommen. Im ersten Gespräch vereinbarte ich mit ihr, zunächst eine Art Bestandsaufnahme vorzunehmen. Sie sollte sich einmal selbst dabei beobachten, wie sie typischerweise in den Auseinandersetzungen mit Marc reagiert. Dazu hatte sie sich an ihrer Schlafzimmertür eine Liste aufgehängt, auf der sie jedes Mal den Anlass der Auseinandersetzung und ihre eigene Reaktion auf Marcs herausforderndes Verhalten notierte. Und zu ihrer eigenen Überraschung reagierte sie bereits durch diesen Auftrag viel ruhiger. Damit war ein erster Schritt getan – aber er war noch nicht ausreichend.

Im Gespräch mit ihr stellte sich dann heraus, dass sie Wünsche eher bittend und unsicher formulierte und jeweils lange Begründungen nachlieferte. So entstand aus einer einfacher Bitte eine lange und für beide nervenaufreibende Diskussion, bei der sie am Schluss selbst aufräumte. Dem musste sie jetzt gegensteuern. Zunächst musste sie sich klar machen, ob sie diesen Auseinandersetzungen wirklich klar gegenübertreten wollte. Dann musste sie lernen, ihre Bitten nur noch ein oder zwei Mal und dabei energisch vorzutragen, statt zwanzig Mal und dabei von Mal zu Mal kraftloser.

Marc machte es ihr natürlich nicht leicht, denn er leistete gegen das neue Verhalten seiner Mutter Widerstand. Aber darauf war Frau Fischer vorbereitet. Ihr war klar: Zusätzlich

musste sie auch „Hand anlegen" – aber angemessen. Sie musste vor allem am Anfang Marc mehrfach energisch am Arm nehmen und so mit ihm seine Kleider aufräumen. Das kostete
Kraft. Frau Fischer spürte mit der Zeit, dass sie selbst davon
überzeugt sein musste, dass ihre Forderungen berechtigt und
sogar sinnvoll und wichtig für Marc waren. Nur dann fand sie
die nötige Energie für die Durchsetzung ihrer Forderungen.

Überdies spürte Frau Fischer, wie sie Marcs provozieren-
dem Verhalten immer besser Paroli bieten konnte. Gleichzeitig schwanden ihre negativen Gefühle für Marc und ihre
anfangs teilweise verletzende Haltung allmählich. Ihre Beziehung zu Marc wurde ruhiger und enger.

Wenn Eltern wissen, wie sie Herausforderungen angehen
können, spüren sie, dass sie wieder Boden unter die Füße bekommen. Und die Gefahr unangemessenen Verhaltens nimmt
in dem Maße ab, wie wir selbst davon überzeugt sind, die täglichen Herausforderungen der Erziehung angemessen bewältigen zu können.

TIPP 9:

Achten Sie darauf, wie Sie in Erziehungssituationen Einfluss gewinnen

Beispiele:

- Ihr Fünfjähriger will die zwischen Ihnen und ihm vereinbarte TV-Zeit überschreiten ... Sie bleiben aber konsequent, obwohl er sich laut beklagt.
- Ihre siebenjährige Tochter nörgelt am Essen und will ein Extraessen ... Sie lassen sich aber auf keine lange Diskussion ein.
- Ihr 16-jähriger will seine Wäsche nicht selbst waschen ... Sie lassen sie liegen, auch wenn er nichts mehr zum Anziehen hat.
- Ihre 12-jährige vergisst es, einen Telefonanruf Ihrer Freundin auszurichten ... „leider vergessen" Sie das nächste Mal auch, den Anruf der Freundin Ihrer Tochter auszurichten.
- Ihre 15-jährige will ein Handy ... sie muss die dadurch anfallenden Kosten entweder komplett selbst oder aber ab einem von Ihnen festgelegten Betrag selbst übernehmen.
- Als Sie am Telefon sind, fängt Ihr Fünfjähriger zu toben an, weil Sie sich um ihn kümmern sollen ... Sie schicken ihn energisch auf sein Zimmer und telefonieren zu Ende.
- Ihre elfjährige Tochter hat aus Wut ein Glas auf den Boden geworfen ... Sie verlangen von ihr eine angemessene Wiedergutmachung.
- Ihr Sechsjähriger will sein Spiel auf dem Küchentisch nicht aufräumen ... er bekommt so lange kein anderes Spiel und darf auch nicht zum Spielen ins Freie, bis er aufgeräumt hat.

Eigene Beispiele:

....

....

....

TIPP 10:

Lassen Sie auf das Fehlverhalten Ihres Kindes möglichst natürliche Konsequenzen folgen

Hier finden Sie noch zwei Beispiele, die die oben genannten ergänzen:

- Ihr Siebenjähriger kommt viel zu spät zum Essen ... dann bekommt er erst zur nächsten Mahlzeit wieder etwas.
- Ihre Achtjährige trödelt morgens lange herum ... dann kommt sie halt zu spät in die Schule. Sie informieren die Lehrerin über den Vorfall.

Erlauben Sie sich bei der Erziehung Fehler zu machen, obwohl Sie es am liebsten vermeiden möchten. Gehen Sie einfach davon aus, dass Erziehung grundsätzlich nie ohne Fehler möglich ist, auch wenn wir uns noch so sehr um Perfektion bemühen. Eine solche Fehlerfreundlichkeit fördert ganz entscheidend Ihre Kreativität, wenn es darum geht, für schwierige Erziehungssituationen kreative Lösungen zu finden (siehe Tipp 11).

Fehler als Chance

Die meisten Menschen reagieren ähnlich wie kleine Kinder ungünstig, wenn sie spüren, einen Fehler gemacht zu haben. Das Kind weiß zwar genau, dass es etwas falsch gemacht hat, leugnet es aber ab oder schwindelt. Es versucht sich vor Kritik von außen, aber auch von innen zu schützen. Allerdings vergebens. Denn wir können ja unser Verhalten nicht rückgängig machen.

Eltern stehen vor einer ähnlichen Herausforderung. Wenn wir bemerken, dass wir einen Fehler begangen haben, ist es am besten, wenn es uns gelingt, dazu zu stehen. Weil viele Eltern aber ein sehr hohes Erziehungsideal haben, möchten sie am liebsten gar nichts falsch machen. Sie empfinden schmerzlich die Diskrepanz zwischen ihren Ansprüchen und ihrem Verhalten. Deshalb machen sie sich schwere Vorwürfe und verurteilen sich innerlich aufs Schärfste. Das ist zwar eine verständliche Reaktion, sie hat aber den Nachteil, dass wir dazu neigen, diese unangenehmen Empfindungen vor uns selbst und vor anderen zu verbergen. Dadurch wird verhindert, dass wir die erlebte Situation in Ruhe und mit Vernunft durchdenken können, um für das nächste Mal besser gewappnet zu sein. Denn lernen können wir erst dann, wenn es uns gelingt, eine emotional angespannte Situation in Ruhe Revue passieren zu lassen und dann, in einem zweiten Schritt, über mögliche Alternativen nachzudenken. Wenn wir uns in einer Art Übererregungszustand befinden, können wir nicht mehr klar nachdenken. Wenn sich Eltern, oft zu ihrem eigenen Entsetzen, bei einem unangemessenen Erziehungsverhalten ertappen, ist es wichtig, zunächst einmal die eigene innere Ruhe zurückzugewinnen.

Dabei hilft die Überzeugung, dass Fehler ein Teil des Lebens sind, besser weiter als die Einstellung, nur ja keine Fehler machen zu dürfen. Gehen wir mit uns selbst toleranter und nachsichtiger um, dann müssen wir uns weniger dafür verurteilen, wenn wir unseren eigenen Ansprüche wieder einmal nicht gerecht werden.

Denn natürlich machen wir alle Fehler. Auch auf dem Gebiet, auf dem wir es am wenigsten wollen. Gute und weniger gute Tage gehören zum Leben. Wäre es denn besser, wenn wir keine Fehler machen würden? Natürlich nicht. Wenn wir glauben würden, schon perfekt zu sein, würde unsere Entwicklung auf der Stelle treten. Die meisten Menschen möchten sich glücklicherweise weiterentwickeln und dazulernen. Das ist allerdings nicht immer leicht.

Obwohl das Lernen über Fehler manchmal sehr schmerzhaft sein kann, birgt es doch eine große Chance, nämlich durch diese Situation persönlich weiterzukommen. Das ist leichter gesagt als getan, weil wir dann, wenn wir innerlich aufgewühlt sind, schnell die Orientierung verlieren. Fehler als Chance zu sehen, gelingt oft besser, wenn wir diese Haltung systematisch einüben. Dann sind wir auch weniger über uns selbst enttäuscht, wenn mal wieder etwas gar nicht klappen will. Im Kapitel „Empfohlene Literatur – Persönliche Entwicklung und Wachstum" erhalten Sie dazu einen Literaturhinweis.

TIPP 11:

**Bemühen Sie sich, Fehler konsequent als Lernanlässe
anzusehen**

Versuchen Sie bitte einmal auf die folgende Frage zu antworten: Können Sie spontan drei Situationen aus dem letzten
halben Jahr nennen, in denen Sie eine schwierige Herausforderung gut gemeistert haben? (Es muss sich nicht um Erziehungssituationen handeln.)

Wenn Ihnen auch bei längerem Nachdenken kaum eine Situation einfallen möchte, geht es Ihnen wie den meisten Menschen: Diese Übung verdeutlicht, dass wir alle zwar bereits
zahlreiche schwierige Situationen bewältigt haben, unsere
Leistung aber schnell wieder vergessen. Wenn Sie sich ange-
wöhnen, Ihre Erfolge sorgfältig zu beobachten und zu notieren, können Sie mit der Zeit auch Ihr unangemessenes Verhalten gelassener sehen. Damit erhalten Sie mehr Distanz, und
Sie können besser gegensteuern.

Notieren Sie hier Situationen, in denen Sie eine schwierige
Situation angegangen sind oder sie sogar gut bewältigt haben.
Nehmen Sie sich außerdem vor, in Zukunft Ihren Erfolgen
mehr Aufmerksamkeit zu schenken. Beachten Sie, dass es
sich nicht immer um extrem schwierige Situationen handeln
muss, die Sie gut meistern, sondern dass es sich dabei ruhig
auch um Alltagssituationen handeln darf.

Hier einige Beispiele zu Ihrer Orientierung:

- Obwohl Sie einige Nächte hindurch nur wenig geschlafen
  haben, erledigen Sie die anfallenden Aufgaben ganz gut.
- Obwohl Ihr Fünfjähriger einen schlechten Tag hat, lassen
  Sie sich von ihm nicht übermäßig herausfordern.
- Obwohl Sie schon seit einiger Zeit beruflich stark angespannt sind, gelingt es Ihnen, gegenüber Ihrem Kind recht
  präsent zu sein.

■ Obwohl der Streit zwischen Ihren Kindern kein Ende nehmen möchte, lassen Sie sich in deren Auseinandersetzungen nur bedingt hineinziehen.

■ Obwohl Sie sich gestern sehr über Ihre 15-jährige aufregen mussten, können Sie heute schon wieder recht offen auf sie zugehen.

■ Obwohl heute ein Tag ist, an dem für Sie nichts gut zu laufen scheint, behalten Sie trotzdem einigermaßen die Fassung.

■ Obwohl Ihr Achtjähriger eine Ihnen kostbare Vase offenbar aus Unachtsamkeit fallen gelassen hat, behalten Sie relativ gut die Nerven.

■ Obwohl in Ihrer Partnerschaft zur Zeit nicht alles rund läuft, gelingt es Ihnen, Ihr Kind aus dem Konflikt weitgehend herauszuhalten.

■ Obwohl Ihr Tag lang war, setzen Sie sich abends zu Ihrem Kind ans Bett und verbringen noch eine kurze Zeit mit ihm.

Eigene Beispiele:

....

....

....

....

Verantwortung

Wie oft hat Jans Mutter ihm schon gesagt, dass er beim Betreten der Wohnung seine Schuhe ausziehen soll! Der Flur ist noch feucht, aber Jan ist mit seinen schmutzigen Schuhen schon reingekommen. Bevor seine Mutter nachdenken kann, hört sie sich schon schreien: „Hab ich dir nicht schon hunderttausendmal gesagt, du sollst die Schuhe ausziehen? Nicht ein Mal kannst du Rücksicht nehmen. Du machst mich noch ganz fertig." Sie setzt den Putzeimer so hart auf den Boden, dass das Wasser herausschwappt. Dann läuft sie in die Küche und knallt die Tür hinter sich zu. Jan hört noch ein deutliches: „Du bist unmöglich."

Stimmt das? Kann Jan seine Mutter ganz fertig machen? Natürlich nicht. Allerdings kommt es im Zusammenleben zwischen Jan und seiner Mutter unweigerlich zu starken Gefühlen auf beiden Seiten. Aber hat sie nicht ein Recht darauf, sehr ärgerlich zu sein, wenn Jan gerade in dem Moment, wo alles sauber ist, mit seinen schmutzigen Schuhen hereinkommt? Natürlich hat sie das.

Was ist dann schief gelaufen? Eltern sind keine Maschinen – glücklicherweise, und sie verlieren hin und wieder die Geduld. Manchmal schreien sie, drängen und treiben ihr Kind an, wenn es trödelt, geben barsche Anweisungen in befehlsmäßigem Ton, haben gerade überhaupt keine Zeit, obwohl das Kind gerade mit einem ganz besonders wichtigen Anliegen kommt. All dies gehört zum Erziehungsalltag. Natürlich stellt sich Jans Mutter aber auch die Frage, wie es jetzt weitergehen soll.

Eltern brauchen ihre Gefühle nicht vor ihren Kindern verbergen – solange sie beim Ausdruck ihrer Gefühle bei sich bleiben. Natürlich kann sich Jans Mutter fertig fühlen. Aber daran kann Jan nicht allein schuld sein. Vielleicht sind ihr zuvor noch andere Dinge misslungen, oder sie hat sich unter Zeitdruck gesetzt, muss noch dieses und jenes erledigen, oder sie weist der Sauberkeit einen extrem hohen Stellenwert zu usw. usw. Es kann tausend Gründe geben.

Wenn wir Jans Mutter fragen, warum sie so reagiert hat, sagt sie vielleicht: „Ich hab nicht anders können" oder „Jan hat mich provoziert, da musste ich einfach so reagieren". Damit versucht sie ihre Enttäuschung über sich selbst zu verkleinern. Vielleicht sieht sie auch tatsächlich keine Alternativen. Aber natürlich hätte sie beispielsweise sagen können: „Ich habe jetzt gerade alles geputzt, und dann ärgert es mich sehr, wenn du reinkommst und der Gang ist schon wieder schmutzig. Du holst sofort den Putzlappen und machst sauber."

Die Verantwortung für das Verhalten seiner Mutter trägt nicht Jan. Die Verantwortung dafür, wie ich reagiere, trägt nur einer, nämlich ich selbst. Man darf ruhig ärgerlich sein, aber die Frage ist, wie wir unseren berechtigten Ärger ausdrücken.

Wir müssen unterscheiden, wer für was verantwortlich ist. Jan hat die Verantwortung dafür, dass der Gang schmutzig ist, seine Mutter dafür, wie sie ihren Ärger ausdrückt. In belastenden Alltagssituationen fühlen wir uns allerdings oft eher als Spielball statt als Akteur. Dann sind wir in Gefahr, anderen die Schuld für unser Verhalten zu geben. Wenn wir dies erst einmal erkannt haben, sind wir bereits auf dem Weg, selbst Verantwortung zu übernehmen. Diese Aufgabe kann sehr, sehr schwierig sein. Es lohnt sich aber, sich dieser Herausforderung zu stellen, weil die Beziehung zu unseren Kindern davon nur profitieren kann.

Wenn Jans Mutter die Verantwortung dafür übernimmt, wie sie ihren Ärger ausdrückt, hat sie einen wichtigen Schritt nach vorne unternommen, der ihr neue Optionen eröffnet. Denn später, wenn sie wieder ruhiger geworden ist, kann sie sich ganz einfach bei Jan für ihre Reaktion, aber natürlich nicht für ihren Ärger, entschuldigen, indem sie sagt: „Ich hab vorhin überreagiert, weil … Es tut mir Leid – bitte entschuldige." Damit ist das Wichtigste gesagt. Es braucht keine Wiedergutmachungen oder lange Diskussionen. Jan hat verstanden, was seine Mutter meint. Das braucht seine Mutter natürlich nicht daran zu hindern, von ihm einen eigenen Beitrag zur Schadensregulierung zu verlangen.

Kann auch Jan aus dieser Situation etwas lernen? Natürlich. Er lernt sogar etwas sehr Wichtiges. Andere Menschen haben Gefühle, sind verletzbar, verlieren die Geduld, sind wütend. Das ist eine wichtige Lebenserfahrung, die er später als Erwachsener noch brauchen wird. Dort werden nämlich noch ganz andere Herausforderungen auf ihn warten.

Vielleicht lernt er sogar, etwas mehr Rücksicht zu nehmen. Traumatisiert hat ihn diese Erfahrung aber mit Sicherheit nicht.

TIPP 12:

Übernehmen Sie Verantwortung für Ihr Handeln

Als allgemeine Orientierung kann hier für Sie gelten: Behandeln Sie Ihr Kind oder Ihren jugendlichen Sprössling so, wie Sie selbst von anderen behandelt werden möchten. Dies gilt jedoch umso weniger, je jünger die Kinder noch sind. Ein Beispiel: Wenn ein Zweijähriger gerade dann über die Straße laufen möchte, wenn sich ein Auto nähert, so müssen Sie ihn festhalten, auch wenn er noch so schreit und dies als ungerecht oder böse empfindet. Denn je jünger Kinder sind, desto weniger können sie die Komplexität von Situationen, wie beispielsweise ihre Gefahren, noch die Konsequenzen aus eigenem Verhalten abschätzen. Vor allem kleine Kinder leben überwiegend im Hier und Jetzt und sind weniger als wir Erwachsenen zu vorausschauendem und planendem Handeln in der Lage. Außerdem haben sie weniger Lebenserfahrung als wir und können deshalb Gefahrensituationen weniger gut einschätzen. Schließlich müssen sie auch noch lernen, wie man mit anderen Menschen Beziehungen und Kontakte pflegt. Für all dies brauchen sie Anleitung und Orientierung.

Wenn Sie im Nachhinein bemerken, sich so verhalten zu haben, wie Sie es gar nicht wollten, besteht immer die Möglichkeit, dass Sie sich kurz dafür entschuldigen. Damit erreichen Sie zwei wichtige Dinge: Sie räumen erstens eine Spannung zwischen sich und Ihrem Kind aus dem Weg, und Sie sind zweitens ein Vorbild dafür, dass Fehler zum Leben dazugehören, aber wir auch lernen können, damit umzugehen.

Warum Vorsätze oft scheitern

Wenn Eltern spüren, dass sie sich unangemessen verhalten haben, nehmen sie sich in der Regel vor, es das nächste Mal besser zu machen. Wir wissen aber, dass sich Vorsätze nur schwer verwirklichen lassen. Sie sind zwar zweifellos gut gemeint, aber nicht ausreichend, um so komplexe Prozesse, wie sie Erziehungssituationen nun einmal darstellen, angemessen analysieren und Schritte zur Veränderung einleiten zu können.

Wenn wir eine schwierige Situation im Nachhinein Revue passieren lassen, mag es ganz einfach erscheinen, das nächste Mal anders zu reagieren. Im Alltag aber sieht alles ganz anders aus. Dann reagieren wir nämlich emotional. Genau dies macht ein Gegensteuern so schwierig. Es ist eben nicht so einfach, es das nächste Mal besser zu machen.

Zum Teil liegt das daran, dass bei manchem gut gemeinten Vorsatz die Ziele derart hoch gesteckt sind, dass er allein schon daran scheitert. Jans Mutter nimmt sich vielleicht vor, von nun an immer ganz ruhig und gelassen zu reagieren. Abgesehen davon, dass dies gar nicht nötig ist, ist das Ziel unrealistisch.

In der Erziehung kann in der Regel ein Ziel nicht darin bestehen, dass bestimmte Situationen oder Verhaltensweisen überhaupt nie mehr vorkommen dürfen, sondern eher darin, dass sie etwas weniger oft und in abgeschwächter Form auftreten. Dies gilt sowohl für unser eigenes Verhalten als auch für das unserer Kinder.

Wir haben gesehen, dass anlagebedingte Faktoren, für die wir nichts können, unser Verhalten mit beeinflussen. Auch dies macht ein Gegensteuern manchmal so schwierig. Unmusikalische Kinder müssen sich im Musikunterricht mehr anstrengen als andere. Im Rechnen besonders begabte Kinder haben es im Mathematikunterricht leichter. Ohne viel zu lernen, schreiben sie gute Noten. Ängstliche Kinder sind nicht von einem Tag auf den anderen mutig. Kinder mit hyperaktivem Verhalten können eben nicht einfach ruhig sitzen. Genauso geht es Eltern. Manches fällt uns leicht, für anderes müssen wir uns immer wieder aufs Neue einsetzen. Eltern, die spüren, dass sie schneller die Geduld mit ihren Kindern verlieren, kostet es mehr Anstrengung, nicht die Nerven zu verlieren, als Eltern, die nichts aus der Ruhe bringen kann. Unsere Anlagen sind gleichzeitig Segen und Herausforderung.

Wenn Eltern spüren, dass ihre Emotionen sie fortzureißen drohen und sie beginnen, Dinge zu tun, die sie später bereuen könnten, ist als erstes eine Pause angebracht. Eine Pause ist in fast allen Alltagssituationen möglich, es sei denn, die körperliche Unversehrtheit des Kindes ist in Gefahr. Es ist sinnvoll, sie mit einem Ortswechsel zu verbinden. Eltern können also zunächst die schwierige Situation selbst verlassen oder das Kind hinausschicken, was am besten im Vorab und in Ruhe mit ihm besprochen werden sollte.

Dann hilft es vielen Eltern, in Ruhe eine Tasse Kaffe zu trinken, sich um den Hund zu kümmern, auf den Balkon zu gehen oder einen kurzen Spaziergang zu machen, die Wäsche zu bügeln, die Freundin oder den Partner anzurufen, um mit ihnen über die belastende Situation zu sprechen. Sie sollten aber beachten, jemanden anzurufen, von dem Sie wissen, dass er Ihnen zuhören kann und nicht in weitere Vorwürfe ausbricht. Das Gespräch mit außenstehenden Fachpersonen ist eine weitere Möglichkeit. Auf einer Gedächtniskarte, die wir an der Küchentür anbringen, können wir uns notieren, was wir tun werden, wenn wir die innere Ruhe zu verlieren drohen. Eine solche Notizkarte erinnert uns immer wieder daran, dass und wie wir gegensteuern wollen.

TIPP 13:

Setzen Sie sich „nur ganz kleine" Ziele und überfordern Sie sich nicht

Wenn Sie sich Ziele setzen möchten, beachten Sie dabei die folgenden Punkte:

- Klein: Formulieren Sie ein bescheidenes, realistisches Ziel.
- Konkret: Beschreiben Sie es so genau wie möglich.
- Formulieren Sie es positiv: „Ich will ruhiger werden" statt „Ich will weniger aufbrausend reagieren".
- Urlaub vom Ziel: Planen Sie von vornherein Tage ein, an denen Sie „Urlaub vom Ziel" haben und das Leben vorsatzfrei genießen.

Verurteilen Sie sich nicht für Misserfolge: Ziele erreichen wir nie vollständig von einem Tag auf den anderen. Planen Sie deshalb ein, wie Sie reagieren werden, wenn Sie an einem Tag Ihr festgelegtes Ziel nicht erreicht haben: Sie konzentrieren sich einfach wieder auf den nächsten Tag und versuchen es dann aufs Neue.

Wenn wir ein Ziel nicht erreichen, ist es oft zu hoch gesteckt. Diese Gefahr besteht ganz besonders, wenn wir uns im Rahmen von Erziehung Ziele setzen. Da es uns Eltern wichtig ist, unsere Kinder möglichst gut auf das Leben vorzubereiten, möchten wir sie auch optimal erziehen. Im Alltag haben wir aber eigentlich nie die Distanz, die vor allem dann nötig ist, wenn wir etwas besser machen möchten. Setzen Sie sich deshalb ein kleineres Ziel, wenn Sie spüren, dass Ihr Ziel zu hoch sein könnte. Und beachten Sie, wie im Text erwähnt, dass in der Erziehung ein Ziel in der Regel nicht darin bestehen kann, dass bestimmte Situationen oder Verhaltensweisen überhaupt nie mehr vorkommen dürfen, sondern dass sie etwas weniger oft und in abgeschwächter Form auftreten.

Hier einige Beispiele zu Ihrer Orientierung:

- Herr Schneider nimmt sich vor, nach dem Nachtessen fünf Mal pro Woche die Geschirrspülmaschine einzuräumen, damit die Küche am nächsten Morgen aufgeräumt ist.

- Frau Klinghofers Ziel besteht darin, mindestens jedes zweite Mal mit dem Hund kurz rauszugehen, um sich wieder etwas zu beruhigen, wenn sie sich über ihren Sohn sehr geärgert hat.

- Herrn Peters Vorsatz besteht darin, statt bei den Hausaufgaben immer neben Mara zu sitzen, sie ab sofort die ersten 10 Minuten alleine arbeiten zu lassen und nur noch in der Nähe anwesend zu sein, so dass Mara ihn bei Problemen rufen kann, aber selbstständig arbeiten muss. Mit der Zeit soll Mara immer längere Perioden selbstständig arbeiten.

- Herrn und Frau Müllers Ziel besteht darin, möglichst fünf Mal in der Woche das Abendessen gemeinsam mit den Kindern einzunehmen.

- Herr und Frau Peters nehmen sich vor, einmal in der Woche für jedes ihrer beiden Kinder dreißig Minuten getrennt zu reservieren, um dann nur für dieses Kind da zu sein.

- Frau Fischer nimmt sich vor, Marc möglichst jedes Mal, wenn er seine Sachen nach nur einer Aufforderung aufräumt, dafür ausdrücklich zu loben.

Eigene Ziele

....

....

....

....

Wenn Kinder besonders verletzbar sind

Wir haben gesehen, wie unterschiedlich Kinder sind und dass manche von ihren Anlagen her psychisch weniger robust sind als andere. Diese Kinder reagieren in der Regel auch sehr stark auf ihre Eltern. Vor allem lang anhaltende Spannungen zwischen ihnen und ihren nächsten Bezugspersonen können sie belasten. Für Valeries Eltern ist es gut, wenn sie wissen, dass sie ihre Tochter einfühlsam begleiten müssen und die Anforderungen an ihre Selbstständigkeit nur dosiert erhöhen können. Ihre Tochter wird wohl kaum je die spontane und selbstbewusste Art Rhondas erreichen. Für die Eltern besteht die schwierige Aufgabe darin, das Gleichgewicht zwischen Loslassen und Behüten zu finden. Diese Gratwanderung kann gar nicht optimal gelöst werden, da wir oft erst im Nachhinein beurteilen können, wie unser Verhalten vom Kind aufgenommen wurde. Auf keinen Fall aber sind ausschließlich ihre Eltern mit ihrer Erziehung dafür verantwortlich, wenn Valeries Entwicklung nicht immer geradlinig verläuft. Während sich für Rhondas Eltern von ihren Anlagen her keine besonderen Erziehungsprobleme ergeben, fordert Valerie ihre Eltern dazu heraus, auf ihre Stärken zu achten und diese auf für ihre Tochter glaubwürdige Art und Weise herauszuheben. Voraussetzung ist, dass sie versuchen, die Persönlichkeit ihrer Tochter anzuerkennen und zu akzeptieren. Dies kann nicht immer gleich gut gelingen.

Vor allem wenn ihre Tochter Hindernisse als unüberwindbar erlebt, müssen sie ihr Selbstvertrauen stärken und ihr dabei helfen, ihren Pessimismus zu überwinden. Dies gelingt ihnen umso besser, je mehr sie diese Haltung auf ihr eigenes Leben anwenden.

Aber selbst wenn Valeries Eltern alles in ihren Kräften Stehende getan haben, ist damit nicht automatisch garantiert, dass Valerie als Erwachsene geradlinig durchs Leben gehen wird. Wenn sich bei ihrer erwachsenen Tochter ernsthafte Lebensprobleme einstellen sollten, dann ist klar, dass sich ihre Eltern Gedanken machen, was sie hätten anders machen können. Wenn sie allerdings rückblickend Situationen finden, in denen sie sich ihrer Meinung nach anders hätten verhalten können, dann ist damit immer noch nicht gesagt, dass sie allein dadurch die Schwierigkeiten ihrer Tochter verursacht haben.

Selbst wenn Rhondas und Valeries Eltern ihre Kinder genau gleich erziehen würden, würden dies die beiden Kinder unterschiedlich erleben. Auch Martin gehört zu den Kindern, die psychisch nicht so robust sind. Deshalb stellt auch er an seine Eltern höhere erzieherische Anforderungen als andere.

Schaden Regeln?

Seit kurzem beobachten Experten einen neuen Trend. Immer mehr Eltern scheuen davor zurück, ihren Kindern Grenzen zu setzen. Experten sprechen von einem „nervenden Herumverhandeln" um „Fernsehen, Süßigkeitenkonsum, das tägliche Zähneputzen, Kleidungsfragen, Hausaufgaben, Ausgeh- und Schlafenszeiten, Rauchen ... alles ist Teil permanenter Verhandlungen. Eltern haben jeglichen Mut zum berechtigten ‚Nein' verloren ... Jegliche erzieherische Aktivität ist von einer übertriebenen Sorgehaltung getragen." (Heinz Zangerle, 2000, S. 63) Eltern verwischen die Grenzen zwischen Kindern und Erwachsenen, da sie nicht autoritär sein wollen. Sie geben ihrem Kind so weit nach, dass Maria Theresia de Jong schon vom „Tyrannisiertwerden" spricht (2000, S. 39). Dadurch alarmiert, hat im Frühjahr 2001 sogar die Ehefrau des deutschen Bundeskanzlers Doris Schröder-Köpf die Eltern dazu aufgefordert, wieder mehr Mut in der Erziehung zu zeigen.

Viele Eltern befürchten, durch zu viel Autorität und Strenge ihren Kindern psychisch zu schaden. Diese Furcht wird immer wieder dadurch angefacht, dass die Zusammenhänge zwischen Erziehung und psychischer Entwicklung verkürzt dargestellt werden. So ist beispielsweise nach jedem Gewaltverbrechen in der Presse zu lesen, dass der Täter eine schwere Kindheit durchleiden musste. Dabei wird so getan, als seien einzig und allein diese Kindheitseinflüsse für das jeweilige Verbrechen verantwortlich. Diese Sichtweise entspricht aber, wie wir gesehen haben, in keiner Weise den Ergebnissen der Verhaltensgenetik.

Erziehung bedeutet immer Auseinandersetzung. Wenn sich Kinder an Regeln halten müssen, so fühlen sie sich unvermeidlich vorübergehend frustriert. Tränen der Enttäuschung oder

Wut sind in diesem Zusammenhang normal. Mit Sicherheit sind derartige kurz andauernden Enttäuschungen aber von anderer Qualität als die Folgen einer Misshandlung, Ausbeutung oder lang anhaltenden Missachtung der Würde der Kinder. Deshalb schaden Sie Ihren Kindern nicht, wenn Sie von ihnen verlangen, sich an Regeln und Vereinbarungen zu halten.

Im Kapitel „Empfohlene Literatur – Erziehung" erhalten Sie Hinweise auf weiterführende Literatur.

Nur frustriert – oder wirklich unglücklich?

Eltern wollen ihre Kinder unterstützen, wenn sie unglücklich sind. Da es bei Kindern von außen oft nicht zu unterscheiden ist, ob sie unglücklich oder einfach nur frustriert sind, ist es sinnvoll, wenn sich Eltern über diesen Unterschied im Klaren sind. Denn je nachdem ist anderes Verhalten angebracht. Wenn Kinder unglücklich sind, brauchen sie Trost und Unterstützung. Wenn sie nur frustriert sind, ist es nicht nötig, dass die Eltern viel tun.

Vielerlei kann Kinder frustrieren. Sie dürfen nicht mit den Fingern essen, nicht fernsehen so lange sie wollen, sie müssen ins Bett, bekommen kein Eis, müssen im Winter zum Spielen im Freien eine warme Jacke anziehen, die Hausaufgaben erledigen, obwohl sie lieber spielen würden, und vieles mehr. Frustration ist eine normale Reaktion, die sich einstellt, wenn wir etwas nicht bekommen, was wir wollen. Deshalb sind Kinder aber nicht unglücklich.

Unglücklich sind sie, wenn ihre Freundin fortzieht, wenn ihr Lieblingstier stirbt oder wenn sie durch Tod oder Scheidung einen Elternteil verlieren. Unglück hat mit dem Verlust einer geliebten Person zu tun oder mit dem Verlust von Dingen, zu denen das Kind einen starken gefühlsmäßigen Bezug entwickelt hat, wie z.B. ein Kuscheltier. In diesen Situationen brauchen Kinder Unterstützung, Nähe und Verständnis. Dann ist es gut, sie in den Arm zu nehmen, wenn sie getröstet werden wollen, oder ihnen zuzuhören, wenn sie sich über ihr Schicksal beklagen.

Wenn Kinder aus Frustration weinen oder wütend sind, brauchen Eltern nicht unbedingt zu reagieren. Denn es ist normal, dass eine Frustration bei Kindern zu einer manchmal auch starken gefühlsmäßigen Reaktion führt. Bei Erwachsenen verhält es sich oft ähnlich. Kinder können vor Wut schreien, aus Frustration weinen und sogar beides gleichzeitig. Mit der Zeit ebbt diese Reaktion aber von allein ab. Deshalb ist es oft sogar sinnvoll, auf das Frustrationsverhalten gar nicht zu reagieren oder dem Kind nur zu vermitteln, dass man verstanden hat, dass es jetzt enttäuscht ist. Diese Nichteinmischung der Eltern vermittelt dem Kind eine zentrale Erfahrung: Es lernt allmählich, sich selbst zu beruhigen, d.h. mit Frustrationen umzugehen. Diese Lernerfahrung ist deshalb so wichtig, weil es sein Leben lang immer wieder Frustration bewältigen muss, wie alle Eltern selbst wissen.

Frustrationsreaktionen haben eine weitere Besonderheit: Sie schaffen Distanz zwischen den Beteiligten. Wer frustriert ist, wird nicht im selben Moment mit der für seinen Ärger verantwortlichen Person liebevoll zusammen sein wollen. Das ist eine normale vorübergehende Reaktion. Eltern müssen diese Distanz zu ihren Kindern aushalten und ihnen Ruhe und Raum geben, damit sie lernen, sich selbst zu beruhigen. Natürlich können sie nach einiger Zeit wieder Kontakt zu ihrem Kind aufnehmen und ihm vermitteln, dass sie selbst die Frustrationsreaktion des Kindes so gut aushalten können, dass dadurch die Beziehung zwischen ihnen beiden nicht in Frage gestellt ist.

Es schadet Kindern also nicht, wenn sie sich an Regeln halten müssen, sondern es vermittelt ihnen Halt und Orientierung. Oft sind Kinder deshalb zwar frustriert. Das Befolgen von Regeln hilft ihnen aber dabei, die Befriedigung ihrer Wünsche und Bedürfnisse mit ihrer Umwelt abzustimmen. Dies wird umso wichtiger, je älter sie werden. Literatur finden Sie im Schlusskapitel: „Empfohlene Literatur – Erziehung".

Der gefährliche Blick durch die Psychobrille

Wie wir in Teil 1 gesehen haben, lässt sich leicht nachvollziehen, dass viele Menschen glauben, ihre Kindheitserfahrungen seien dafür verantwortlich, wie es ihnen heute geht. Besonders psychologische Theorien haben den Einfluss von Erziehung und Umwelt überbetont und Anlageaspekte bis vor kurzem beinahe vollständig ausgeblendet. Die Populärliteratur ging so weit zu behaupten, dass beinahe jedes Ereignis aus der Kindheit für unsere Entwicklung schädigend sein könnte.

Wer heute mit sich nicht zufrieden ist, sucht auf diesem Hintergrund seine Vergangenheit nach möglichen Ursachen dafür durch. Dabei rücken automatisch die Eltern ins Zentrum der Aufmerksamkeit.

Da keine Beziehung, und schon gar nicht die zwischen Eltern und ihren Kindern, ohne Brüche, Konflikte und Auseinandersetzungen möglich ist, findet jeder ohne weiteres eine Vielzahl an Belegen für vermeintlich ungünstige Erlebnisse aus seiner Kindheit, wenn er nur intensiv genug danach sucht. Da niemand genau angeben kann, wie sich ein Ereignis auf die Psyche des Betroffenen auswirkt, ist der Spekulation darüber, wie weit uns die eigene Kindheit geschadet haben könnte, Tür und Tor geöffnet. So können wir beinahe jedes beliebige Ereignis unserer Vergangenheit als mögliche Ursache unseres heutigen Unglücks ansehen.

Die Frage, die sich daraus ergibt, ist weniger, ob dieses Vorgehen wissenschaftlich korrekt ist, sondern ob diese Perspektive für unsere Entwicklung nützlich ist oder nicht.

Auf den ersten flüchtigen Blick mag es uns günstig erscheinen, wenn wir auf der Suche nach Ursachen fündig werden, denn es entlastet uns. Auf den zweiten Blick aber erkennen wir die Nachteile, die sich dadurch ergeben.

Die Suche nach Ursachen ist von der Frage nach der Verantwortung nicht abzukoppeln. Der Standpunkt, „meine Eltern sind daran schuld, wenn es mir heute schlecht geht", prägt entscheidend unser Verhältnis zu ihnen. Dies kann vorschnell dazu führen, sie für etwas schuldig zu erachten, wofür sie unter Umständen gar nicht verantwortlich sind. Mit dieser Sicht gestalten wir selbst unsere Beziehung zu unseren Eltern einseitig negativ und blenden dabei die immer auch vorhandenen positiven Aspekte aus. Wir selbst machen es uns also unmöglich, uns mit unseren Eltern auszusöhnen. Der Preis dafür ist hoch, da wir uns so für den Rest unseres Lebens in einen Kampf mit ihnen verstricken, der uns daran hindert, selbst die Verantwortung für unser Leben zu übernehmen. Damit blockieren wir unsere eigene Weiterentwicklung. Die verkürzte Übernahme psychologischer Theorien auf die eigene Lebensgeschichte, wie sie in der Öffentlichkeit vorgenommen wird, birgt also erhebliche Gefahren. Den Fachleuten aber, wie beispielsweise den in Deutschland niedergelassenen psychologischen Psychotherapeuten, sind diese Gefahren bekannt, und sie können entsprechend gegensteuern.

Wer seinen Eltern gegenüber tiefen Groll und permanenten Ärger empfindet, schadet letztlich seinem eigenen Wohlbefinden. Wir gehen gesünder durchs Leben und haben mehr Energie für die Ziele, die uns im Leben wichtig sind, wenn wir mit uns und unseren engsten Bezugspersonen im Reinen sind. Eine professionell durchgeführte Therapie zielt deshalb auf Aussöhnung mit den eigenen Eltern ab und bleibt nicht in einer vordergründigen Ursachen- und Schuldzuweisung stecken.

So wie uns heute unsere Kinder, oft anlagebedingt, herausfordern, so haben wir vielleicht als Kinder unsere Eltern herausgefordert. Erziehung war vor 50 Jahren nicht unbedingt einfacher als heute.

Das ständige Wechselspiel – wie Anlagen und Umwelt einander ergänzen

Die Anlage-Umwelt-Diskussion hat durch die neuen Befunde der Verhaltens- und Molekulargenetik neuen Auftrieb erhalten. Eine der wichtigsten Erkenntnisse lautet, dass Gene eine viel weiter reichende Rolle spielen als bisher angenommen. Sie beeinflussen alle Aspekte unserer Persönlichkeit von der Körpergröße, über das Gewicht bis hin zur Intelligenz. Über unsere Persönlichkeit prägen Gene alle Aspekte unseres Lebens, angefangen von unserer Arbeit, unseren individuellen Vorlieben wie unserer Freizeitbeschäftigung, bis hin zu den Beziehungen zu unseren Kindern, Eltern, Bekannten und Freunden. Ob wir uns gut entspannen können oder uns schnell gestresst fühlen, ob wir ständig auf der Suche nach Neuem sind oder lieber ein Leben in geordneten und ruhigeren Bahnen führen, ob uns Suchtmittel gefährden können oder eher gleichgültig lassen, all dies wird durch unsere Gene mit beeinflusst.

Gene spielen vor allem dann eine Rolle, wenn Kinder über einen längeren Zeitraum hinweg besonders auffälliges oder unangemessenes Verhalten zeigen, das sich trotz der üblichen Erziehungsmethoden aufrecht erhält.

Kein Verhaltensgenetiker wird aber je behaupten, nur unsere Gene würden unser Schicksal bestimmen. Umweltaspekte aller Art beeinflussen uns einmal stärker und einmal schwächer. Einer der typischen Fehler, auf den wir in der populär geführten Anlage-Umwelt-Diskussion immer wieder stoßen, besteht in der Gleichsetzung von „angeboren" mit „unveränderbar". Daraus resultiert häufig eine vorurteilsbeladene Ablehnung gegenüber allem, was mit „angeboren" zu tun hat, da viele Menschen befürchten, sie seien nun dem Schicksal ihrer Gene hoffnungslos ausgeliefert.

Diese Vereinfachung übersieht das Wechselspiel, das zwischen Anlage und Umwelt besteht. Erblichkeit bedeutet nicht, dass wir den Genen hilflos ausgeliefert sind und nichts tun können. Eltern haben eine Vielzahl von Möglichkeiten, auf die Persönlichkeit und das Verhalten ihrer Kinder zu reagieren. Diese Möglichkeiten sollten sie aktiv und engagiert nutzen.

Persönlichkeitsmerkmale und Umwelteinflüsse bedingen sich also wechselseitig. Wir gestalten mit und durch unsere Persönlichkeiten, in denen angeborene Anteile immer wieder aufscheinen, unsere Umwelt. An die beiden Brüder Charles und Michael erinnern Sie sich gewiss noch. Charles suchte in seinem Leben Abwechslung und Neues, Michael bevorzugte hingegen ein ruhigeres Leben. An ihrem Beispiel ist besonders gut zu sehen, wie sich beide ihre Umwelt so eingerichtet haben, dass sie zu ihnen passt. Man könnte auch sagen, sie haben sich beide diejenigen Umweltnischen gestaltet, die mit ihren anlagebedingten Vorlieben am besten übereinstimmen.

Die Anlage-Umwelt-Verschränkung zeigt sich auch im Verhältnis Eltern-Kinder. An den Beispielen der ängstlichen Valerie und der kecken Rhonda konnten wir sehen, wie ihre Umgebung jeweils anders auf ihre unterschiedliche Persönlichkeit reagiert. Anlagebedingte Persönlichkeitsunterschiede der beiden Kinder führen dazu, dass beide sehr unterschiedliche Umwelterfahrungen machen, die wiederum ihre Persönlichkeit prägen. Erlebt ein ängstliches Kind seinen Alltag und seine Umwelt als ängstigend, wird seine Ängstlichkeit verstärkt. Ein selbstsicheres Kind, das zahlreiche positive Umwelterfahrungen macht, wird in seiner Selbstsicherheit unterstützt. Auf diese Weise wird der Abstand zwischen den seelischen Erfahrungen der beiden Kinder immer größer. Sie bilden ganz unterschiedliche Haltungen aus und schließlich sind sie völlig verschiedene Persönlichkeiten. Dieses Auseinanderdriften können wir sogar bei Kindern aus der gleichen Familie beobachten.

Persönlichkeit, Intelligenz oder Verhalten sind sehr vielschichtige Merkmale. Deshalb sind sie nicht nur von einem oder zwei Genen beeinflusst, sondern von einer größeren Anzahl an Genen oder Genkombinationen. Diese stellen immer nur mehr oder weniger hohe Wahrscheinlichkeiten für die Ausprägung dieses Merkmals dar. Anders gesagt: Es wird auch in Zukunft kein isoliertes Intelligenzgen gefunden werden, durch das allein sein Träger besonders intelligent ist.

Genetischer Einfluss stellt sich als sehr stabil dar. Auf die Frage, warum dies so ist, geben David Rowe (1997) und Sandra Scarr (1992) eine aufschlussreiche Antwort. Ein wesentlicher Grund dafür liegt, so die beiden renommierten Wissenschaftler, in der Entwicklungsgeschichte der Menschheit begründet. Der Mensch musste im Laufe seiner Evolution immer wieder extreme Belastungssituationen wie Kriege, Seuchen, Hungersnöte, Dürre, extreme Hitze oder Kälte überwinden. Wenn wir keine Anlagen besäßen, um mit schwierigen Situationen aller Art fertig zu werden, hätte unsere Gattung nicht überlebt. Kriege, Seuchen, Hungersnöte oder extreme Kälteperioden – wobei die letzte in Europa gerade erst 10 000 Jahre her ist – stellen nicht nur extreme physische Anforderungen, sondern beeinflussen auch das psychische und emotionale Klima innerhalb einer Familie.

Wenn vor noch nicht einmal hundert Jahren 7- bis 12-jährige Kinder aus Vorarlberg in Österreich wegen extremer Hungersnöte im Winter ins „Schwabenland" auswandern mussten, um dort in fremden Familien hart zu arbeiten, so erforderte dies von allen Beteiligten eine erhebliche emotionale und psychische Stabilität und sogar Härte. Den Eltern damals war das Schicksal ihrer Kinder selbstverständlich nicht gleichgültig, aber sie waren schlichtweg außer Stande, ihren Kindern jede eventuell belastende Situation aus dem Weg zu räumen. Auch heute stehen Millionen Menschen in allen Teilen der Welt vor derartigen Herausforderungen. Um diese zu überstehen, brauchen wir Gene, die uns entsprechend widerstands- und entwicklungsfähig machen.

Oder wie es David Rowe unmissverständlich ausdrückt: „Kein Organismus kann es sich leisten, so fragil wie ein Ei zu sein, zerbrochen und nicht reparierbar nach den ersten Härten des Lebens ... Trauma, Schmerz und schwierige Prüfungen können nur durch äußerste Glücksfälle oder frühen Tod vermieden werden." (Rowe 1997, S. 240) Da sie aber ewige Bestandteile unseres Lebens sind, haben sie mit Sicherheit für unsere Entwicklung eine besondere Bedeutung.

Was bedeutet das für die Erziehung? Kinder profitieren von „normalen" Eltern, die sie lieben und ihnen die nötigen Grenzen setzen, mehr als von Eltern, die sich um eine „ideale" Erziehung bemühen, die ihren Kindern jede Enttäuschung ersparen und jedes Hindernis aus dem Weg räumen möchte. In vielem gleicht unser Leben dem Wetter, wie mein Kollege Peter Allemann sich einmal ausdrückte. Es gibt Regen, Sturm und Sonnenschein. So auch im Familienalltag. Das ist gut so, denn Kinder und Jugendliche müssen, spätestens wenn sie erwachsen sind, auf die verschiedensten Wetterbedingungen gut vorbereitet sein. Unsere Anlagen sind in der Regel so robust, dass wir mit ganz unterschiedlichen Verhältnissen umgehen können. Für unsere Kinder dürfte dies sogar in noch viel stärkerem Ausmaß zutreffen als für uns Erwachsene. Sie sind nämlich ihren Umweltbedingungen viel mehr ausgeliefert. Kinder können sich weder ihre Eltern noch deren Lebensbedingungen noch deren Erziehungsstil aussuchen. Ob ihre Eltern autoritär sind oder nicht, sie lieben oder sie vernachlässigen, sie gut oder schlecht versorgen, auf all dies haben sie keinen Einfluss. Deshalb brauchen sie Anlagen, die es ihrer Psyche erlauben, sich an ein Spektrum verschiedener Umgebungsbedingungen anzupassen – von den Lebensbedingungen der Ureinwohner Australiens bis zu denen der Großstadt-Amerikaner in New York.

Die Tatsache eines weitreichenden genetischen Einflusses auf unser Verhalten und unsere Persönlichkeit mag also manche Übertreibungen, wie wir sie von Seiten der Anhänger eines alles bestimmenden Umwelteinflusses kennen gelernt haben, wieder zurechtrücken. Dieses Wissen entlastet, wie wir beispielsweise bei der Diskussion über den anlagebedingten Einfluss auf unser Körpergewicht gesehen haben. Es ermöglicht allen Beteiligten, sich und andere angemessen einzuschätzen, wodurch sich enorme Vorteile für eine realistischere Bewältigung unseres Alltags ergeben. Damit können wir sowohl die Erziehung unserer Kinder als auch unsere persönliche Lebensplanung auf eine solidere Basis stellen.

Anhang: Empfohlene Literatur

Verhaltensgenetik

Hamer, D., Copeland, P.: Das unausweichliche Erbe. Wie unser Verhalten von unseren Genen bestimmt ist. Bern, München, Wien. 1998.
Die beiden Autoren untersuchen den Einfluss der Gene auf unsere Persönlichkeit. Sie belegen anhand einer Vielzahl von Forschungsergebnissen, dass unsere Persönlichkeit und unser Verhalten weit mehr von unseren Genen bestimmt wird als wir bisher dachten. Gleichzeitig verweisen sie auf das Zusammenspiel von Anlage und Umwelt.

Plomin, R.; DeFries, J.; McLearn, G.; Rutter, M.: Gene, Umwelt und Verhalten. Bern, Göttingen, Toronto, Seattle. 1999.
Das sehr anspruchsvolle Buch führt in die Grundlagen der Verhaltensgenetik ein und präsentiert den aktuellen Forschungsstand. Die Autoren zählen zu den prominentesten Vertretern der modernen Verhaltensgenetik.

Rowe, D.: Genetik und Sozialisation. Weinheim 1997.
Wer geglaubt hat, dass wir in erster Linie ein Produkt unserer Umwelt seien, für den ist das Buch von Rowe eine echte Herausforderung. Seine Befunde relativieren den Umwelteinfluss und verweisen auf die Rolle unserer Gene.

Geschichte der Mutter-Kind-Beziehung

Badinter, E.: Die Mutterliebe. München, 1981.
Das relativ „alte" Buch der französischen Philosophin ist der Klassiker, der die Entwicklung der Mutterliebe in seiner geschichtlichen und gesellschaftlichen Dimension beschreibt. Badinter gelingt es auf hervorragende Weise, den Mythos Mutterliebe zu hinterfragen.

Schenk, H.: Wieviel Mutter braucht der Mensch? Der Mythos von der guten Mutter. Köln 1996.
Herrad Schenk führt die Arbeit von E. Badinter bis in unsere Gegenwart weiter. Sie liefert eine spannende Beschreibung der aktuellen Mutterrolle.

Erziehung

Döpfner, M., Schürmann, S., Lehmkuhl, G.: Wackelpeter und Trotz-kopf. Hilfen für Eltern bei hyperkinetischem und oppositionel-lem Verhalten. Weinheim 2000.
Das Buch gibt eine systematische Anleitung für Eltern im Um-gang mit den entsprechenden Kindern. Es gibt „Informationen über die Problematik, Ursachen, Verlauf und vor allem Hilfsmög-lichkeiten". Die Autoren bieten konkrete Hilfestellungen für all-täglich anstehende Erziehungsfragen an: Was mache ich, wenn sich mein Kind nicht allein beschäftigen kann; wie löse ich den alltäglichen Hausaufgabenkrieg etc. Die Anregungen sind sehr gut auf den Erziehungsalltag zugeschnitten.
Kast-Zahn, A.: Jedes Kind kann Regeln lernen. Ratingen 1997.
Das Buch vermittelt die wichtigsten Erziehungsgrundlagen und gibt Eltern Hinweise im Umgang mit ihrem Kind. Es vermittelt Erziehungstechniken wie Lob und Konsequenzen.

Persönliche Entwicklung und Wachstum

Eichhorn, C.: Souverän durch Self-Coaching. Ein Wegweiser nicht nur für Führungskräfte. Göttingen. 2001
Das Buch empfiehlt sich für diejenigen, die Veränderungen bei sich selbst erzielen wollen. Es präsentiert die wichtigsten Metho-den und macht auf aktuelle Forschungsergebnisse aufmerksam. Themenschwerpunkte sind unter anderem: Sich besser akzeptie-ren und mehr zu sich selbst stehen, sich ändern, kompetenter werden, Stressbewältigung.

Verwendete Literatur

Bandura, A.: Social learning theory. Morristown, NJ. General Learning Press. 1971 (= Lernen am Modell. Klett, Stuttgart 1976).
Bateson, G., Jackson, D., Haley J., Weakland J.: Toward a theory of schizophrenia. In: *Behavioral Science*, 1 (1956) No 4, S. 251–264.
Borkenau, P., Ostendorf, F. (1989): Untersuchungen zum Fünf-Fakto-ren Modell der Persönlichkeit und seiner diagnostischen Erfas-sung. In: *Zeitschrift für Differentielle und Diagnostische Psycho-logie*, 10, 239–251.
– (1991): Ein Fragebogen zur Erfassung fünf robuster Persönlichkeits-faktoren. In: *Diagnostica*, 37, 29–41.
Bouchard, T. J. jr., Lykken, D., McGue, M., Segal, N., Tellegen, A.: Sources of human psychological differences: The Minnesota

Study of Twins Reared Apart. *Science*, 250 (1990), S. 223–228.

Bouchard, T. J. jr., McGue, M.: Familial Studys of Intelligence. In: *Science* 121 (1981), 1055–1059.

Brazelton B., Cramer, B.: Die frühe Bindung – Die erste Beziehung zwischen dem Baby und seinen Eltern. Ernst Klett Verlag; Stuttgart 1991.

Bruer, J.: Der Mythos der ersten drei Jahre. Beltz, Weinheim 2000.

Burks, B.: The Relative Influence of Nature and Nurture upon Mental Development. In: *Twenty-Seventh Yearbook of the National Society of Education*. Part 1. 27 (1928), S. 219–316.

Carlson, M.: Development of Tactil Discrimination Capacity in Macaca Mulatta. I. Normal Infants. In: *Developmental Brain Research* 16 (1984), S. 69–82.

Costa, P. T., McCrae, R. R.: Revised NEO Personality Inventory (NEO PI-R) and NEO Five Factor Inventory. Professional Manual. Psychological Assessment Resources, Odessa, Florida 1992.

Dannenberg, C.: Was ist Eltern wichtig? Welche Rolle spielen Kinder im Leben heut und wohin soll man sie erziehen. In: *Dji-bulletin*, 16 (1990), S. 7.

DeFries, J., Fulker, D., LaBuda, M.: Evidence for a genetic aetiology in reading disability of twins. In: *Nature*, 329 (1987), S. 537 ff.

DeFries, J., Johnson, R., Kuse, A., McLearn, G., Polovina, J., Vandenberg, S., Wilson, J.: Familial resemblance for specific cognitive abilities. In: *Behavior Genetics*, 9 (1979), S. 23–43.

DeFries, J., Vogler, G., LaBuda, M.: Colorado Family Reading Study: An overview. In: Fuller, J, Simmel, C.: Perspectives in behavior genetics. Hillsdale, NJ: Erlbaum. 1986, S. 29–56.

Dolto, F.: Zwiesprache von Mutter und Kind. Berlin 1988.

– Die ersten 5 Jahre. Berlin 1982.

Dummer-Smoch, L.: Mit Phantasie und Fehlerpflaster. 3. Aufl., Ernst Reinhard Verlag, Basel 1998.

Farran, D.: Another decade of intervention for children who are low income and disabled. In: Shonkoff, J., Miesels, S.: Handbook of Early Childhood Intervention. Cambridge University Press, Cambridge 2000.

Feldman, D. H.: Nature's Gambit. Child Prodigies and the Development of Human Potential. New York 1991.

Fischer, A., Fuchs-Heinritz, W., Münchmeier, R., Fritzsche, Y. (Hrsg.): Jugend 2000. 13. Shell Jugendstudie. 2. Bde., Leske + Budrich, Opladen 2000.

Friedan, B.: Der Weiblichkeitswahn. Rowohlt, Reinbek b. Hamburg 1977.

Furman, B.: Es ist nie zu spät, eine glückliche Kindheit zu haben. Borgmann. Dortmund. 1999.

Jensen, A.: How much can we boost IQ a scholastic achievement? In: Harvard Eductional Review, Cambridge 1969, S. 1–123.

Ghodsian-Carpey, J. & Baker, L. A.: Genetic and environmental influences on aggression in 4- to 7-year-old twins. In: *Aggressive Behavior*, 13, (1987), S. 173–186.

Harlow, H. F.: Love in Infant monkeys. In: *Scientific American.* 200, 6 (1959), S. 68–74.

Hebebrand, J., Hinney, A.: Zur Erblichkeit der Adipositas im Kindes- und Jugendalter. In: *Kindheit und Entwicklung*, 9, 2 (2000), S. 78–83.

Hubel, D., Wiesel, T.: Functional architectue of macaque monkey visual cortex. In: *Preceedings of the Royal Society of London* B 198 (1977), S. 1–59.

Hubel, D., Wiesel, T., LeVay, S.: Plasticity of Ocular Dominance Columns in Monkey Striate Cortex. In: Philosophical Transactions of the Royal Society of London. B 278 (1977), S. 307–409.

Imhof, A.: Die gewonnenen Jahre. München 1981.

Klein, M.: Seelische Urkonflikte. Berlin 1974. (Neuausgabe: Melanie Klein, Joan Rivière: Seelische Urkonflikte: Liebe, Hass und Schuldgefühl. Frankfurt a. M. 1992).

Küspert, P.: Wie Kinder leicht lesen und schreiben lernen. Neue Strategien gegen Legasthenie. Oberste Brink 2001.

Leahy, A.: Nature-nurture and intelligence. In: *Genetic Psychology Monographs*, 17, (1935) S. 236–308.

Loehlin, J.: Genes and Environment in Personality Development. Newsbury Park, CA, Sage 1992.

Loehlin, J., Horn, J., Willerman, L.: Modeling IQ change: Evidence from the Texas Adoption Project. Child Development 60 (1989) S. 992–1004.

Goodman, R., Stevenson, J.: A Twin Study of Hyperactivity – I. An Examination of Hyperactivity Scores and Categories Derived from Rutter Teacher and Parent Questionnaires. In: *Journal of Child Psychology and Psychiatry*, Vol 30(5), 1989, S. 671–689.

McGue, M.; Gottesman, I.; Rao, D.: Resolving genetic models for the transmission of schizophrnia. In: *Genetic Epidemiology*, 2 (1985) S. 99–110.

McGue, M.; Gottesman, I.: Genetic linkage in schizophrnia: Perspectives from genetic epidemiology. In: Schizophrnia Bulletin, 15 (1989) S. 453–464.

Miller, A.: Das Drama des begabten Kindes. Suhrkamp, Frankfurt a. M. 1983.

– Am Anfang war Erziehung. Suhrkamp, Frankfurt a. M. 1988.

Nevermann, C., Reicher, H.: Depressionen im Kindes- und Jugendalter. Beck'sche Reihe 2001.

Pederson, N., Plomin, R., Nesselroade, J., McLearnd, G.: A quantitive genetic analysis of cognitive abilities during the second half of the life span. In: *Psychological Science* 3 (1992) S. 346–353.

Plomin, R., Daniels, D.: Why are children in the same family so different from one another? In: *Behavioral and Brain Sciences*, 10, (1987) S. 1–60.

Rakic, P. et. al.: Concurrent overproduction of synapses in diverse regions of the primate cerebral cortex. In: *Science*. 232 (1986), S. 232–235.

Reiss, D., Hetherington, F., Plomin, R., Howe, G., Simmens, S., Henderson, S., O'Conner, T., Russel, D., Anderson, E., Law, T.: Genetic questions for environmental studies: Differential parenting and psychopathology in adolescence. In: *Archives of General Psychiatry*, 52 (1995) S. 925–936.

Reiss, D., Hetherington, F., Niederhiser, J., Plomin, R.: The relationship code. Genetic and social analyses of adolscent development. 1996.

Renaud, H., Estess, F.: Life History Interviews with One Hundred Normal American Males: „Pathogenicity of Childhood. In: *American Journal of Orthopsychiatry*, 31 (1961), S. 786–801.

Richter, H. E.: Patient Familie. Entstehung, Struktur und Therapie von Konflikten in Ehe und Familie. Rowohlt Verlag, Reinbek 1972.

– Eltern, Kind und Neurose. Die Rolle des Kindes in der Familie. Rowohlt Verlag, Reinbek 1969.

Schäfer, U.: Depressionen im Kindes- und Jugendalter. Ein kurzer Ratgeber. Göttingen 1999.

Schulte-Körne, G.: Neurobiologie und Genetik der Lese-Rechtschreibstörung. In: Legasthenie: Zum aktuellen Stand der Ursachenforschung, der diagnostischen Methoden und der Förderkonzepte. Bochum, Winkler-Verlag 2002.

Tacke, G: Flüssig lesen lernen, neue Rechtschreibung, Klasse 1 und 2 der Grundschule. Donauwörth 2001.

– Flüssig lesen lernen, neue Rechtschreibung, Klasse 3 und 4 der Grundschule. Donauwörth 2001.

Thapar, A., McGuffin, P.: A twin study of depressive symptoms in childhood. In: *British Journal of Psychiatry*, 165 (1994), S. 259–265.

Watson, J. B.: Behaviorismus. Frankfurt a. M. 1976.

Werner, E., Smith, R. S.: Vulnerable but invincible: A study of resilient children. McGraw-Hill, New York 1982.

– Overcoming the Odds: High Risk Children from Birth to Adulthood. Cornell University Press. Ithaca. New York. 1992.

Winnicott, D. W.: Kind, Familie und Umwelt. München, Basel ²1976.

Zangerle, H.: Wer nicht erzieht, macht auch nichts falsch. Oder? In: *Psychologie Heute*, 12 (2000), S. 62–67.

Zinnecker, J. et al.: null zoff & voll busy. Die erste Jugendgeneration des neuen Jahrhunderts. Leske+Budrich, Opladen 2002.

Renate Hörburger:
Selbstbewußtsein
Wie Erwachsene sich und ihre Kinder stärken
230 Seiten, broschiert, ISBN 3-608-91025-5
Im Gegensatz zu vielen Erziehungsberatungsbüchern, welche
an immer diffenzierter diagnostizierten Entwicklungsstörungen
ansetzen, beleuchtet dieses Buch einen Kernpunkt, dem bei
psychischen Entwicklungsstörungen eine allgemeine zentrale
Bedeutung zukommt. Es bezieht sich auf das breite Spektrum
psychischer und psychosomatischer Probleme und Störungen, die
nach Ansicht der Autorin aus dem Mangel an Selbstbewußtsein
herrühren.

Elisabeth Cope:
Allein erziehen und stark sein
Lösungen für schwierige Situationen
192 Seiten, broschiert, Lesezeichen
ISBN 3-608-94337-4
Wer Kinder allein erzieht, ist überfordert – meistens jedenfalls.
Alleinerziehende müssen nicht noch perfekter sein als Eltern,
die ihre Kinder gemeinsam erziehen. Daß diese Aufgabe nicht in
ständiger Selbstüberforderung, in grenzenlosem Streß,
Selbstzweifeln und tagtäglicher Kapitulation enden muß, belegt
dieses Buch mit Lösungsvorschlägen, die den »Familientest unter
verschärften Bedingungen« bereits bestanden haben.
Der Band lehnt sich an die Darstellungsweise von Rudolf Dreikurs
und Vicki Soltz in »Kinder fordern uns heraus« an: Auf die
erzählende Schilderung eines sichtbaren Problems oder eines
schwelenden Konflikts folgt eine knappe Erläuterung.

Klett-Cotta

Gertraud Finger/Traudel Simon-Wundt:
Was auffällige Kinder uns sagen wollen
Verhaltensstörungen neu deuten
172 Seiten, broschiert, ISBN 3-608-94330-7

Aggressivität und Diebstahl, aber auch Trauer, Depression,
Ängste und Eßstörungen – das alles wird bei unseren Kindern
immer häufiger beobachtet. Eltern und Erzieher sind besorgt,
fühlen sich hilflos und fragen sich, was sie tun können.
In anschaulichen Fallbeispielen zeigen die Autorinnen, daß es
durchaus Auswege gibt. Sie bieten eine neue Sichtweise auf die
Probleme der Kinder an, denn auffälliges Verhalten ist nicht nur
belastend, sondern kann sogar sinnvoll sein. Verhaltensstörungen
enthalten Botschaften, sie sind oft lebenswichtige Hilferufe der
Kinder in einer schwierigen Situation.

Helge-Ulrike Hyams:
Kinder wollen keine Scheidung
186 Seiten, broschiert, ISBN 3-608-94044-8

Das Buch behandelt ausführlich das Thema des Verlusts eines
Elternteils und dessen Folgen für Jungen und Mädchen. Diese
Trennung, in den meisten Fällen vom Vater, ist das größte
Problem. Der Schmerz über den Vaterverlust und die Sehnsucht
nach ihm – wie auch umgekehrt die Sehnsucht des Vaters nach
den Kindern – ist mitunter so übermächtig, daß die Kinder
ihn nur durch Verleugnung oder Verdrängung ertragen kön-
nen. »Mein Vater ist Negerkönig im Takatukaland«, läßt Astrid
Lindgren die verwaiste Pippi Langstrumpf sagen. Kein Kind der
Welt, das dies nicht verstehen würde.
Eltern, die sich scheiden lassen, tun dies letztlich immer auf
Kosten und zu Lasten ihrer Kinder, ob sie dies wollen oder nicht.
Sie sollten dieses bedenken, bevor sie ihre Entscheidung treffen.

Klett-Cotta